맹점파괴의 기술

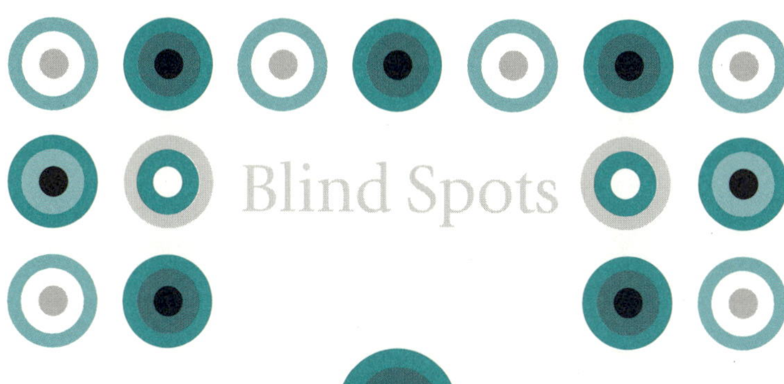

맹점파괴의 기술

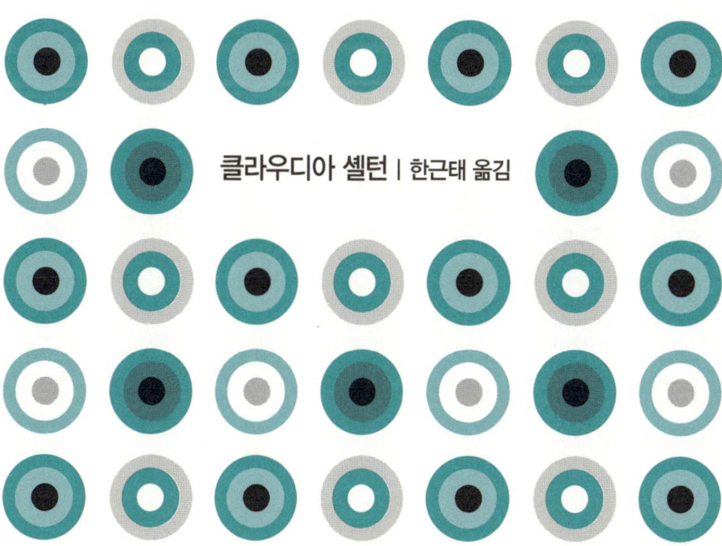

맹점파괴의 기술

지은이_ 클라우디아 셸턴
옮긴이_ 한근태

1판 1쇄 인쇄_ 2008. 6. 17.
1판 1쇄 발행_ 2008. 6. 24.

발행처_ 김영사
발행인_ 박은주

등록번호_ 제406-2003-036호
등록일자_ 1979. 5. 17.

경기도 파주시 교하읍 문발리 출판단지 515-1 우편번호 413-756
마케팅부 031)955-3100, 편집부 031)955-3250, 팩시밀리 031)955-3111

값은 표지에 있습니다.
ISBN 978-89-349-3008-2 03320

독자의견 전화_ 031) 955-3200

홈페이지_ http://www.gimmyoung.com
이메일_ bestbook@gimmyoung.com

좋은 독자가 좋은 책을 만듭니다.
김영사는 독자 여러분의 의견에 항상 귀 기울이고 있습니다.

맹점 파괴,
끊임없는 자기 발견의 과정

최 사장은 척 보기에도 근면하고 성실한 사람이다. 얼굴에서 악의라고는 찾아보기 어려운 그는 원래 신부님이 되려고 신학대학을 다녔지만 사정이 생겨 사업가로 길을 바꾼 사람이다. 그는 부지런하다. 아침 5시면 집을 나와 일을 시작하고 밤늦게까지 일을 한다. 그 회사에는 주말도 없다. 거의 일주일 24시간 일을 한다. 그는 헌신적이다. 저렇게 여러 직원을 동원해 많은 서비스를 제공하면 이익을 낼 수 있을까 걱정이 되기까지 한다. 그의 직원들도 사장과 비슷해 하나같이 반듯하고 친절하다. 무엇보다 그는 긍정적이다. 한번도 고객의 이야기에 '아니오'라고 답하는 법이 없다. 하지만 그에게 결정적인 맹점이 하나 있다. 지나친 긍정성과 우유부단함이 그것이다. 고객이 자신 없는 일을 부탁할 때 거절을 못하는 것이다. 게다가 일이 진척되지 않을 때 그 사실을 제 때 알리지 않음으로서 문제를 키웠다. 그러던 어느 날 사건이 터지고 말았다. 고객이 언제까지 외국어 책 몇 권을 번역해 달라면서 거액의 돈을 맡겼는데 약속한 기한까지 번역을 못해 프로젝트 자체가 무산된 것이다. 최 사장은 돈은 돈대로, 시간은 시간대로 공을 들였지만 고객에게 손해를 배상해야 할 지경이다. 이로 인해 회사는 물론 최 사장의 신뢰도가 땅에 떨어졌다. 최 사장은 큰 충격에 빠졌다.

긍정적인 것은 좋은 것이다. 안 된다고 얘기하는 것보다는 씩씩하게 무엇이든 할 수 있다고 답하는 사람을 누구나 좋아한다. 하지만 위의 사례처럼 지나친 긍정성은 위험을 안고 있다. 자신이 가진 능력, 시간, 자원을 무시하고 무조건 프로젝트를 수주하는 것은 당장의 실적에는 도움이 될 수 있겠지만 프로젝트를 마무리하지 못할 경우 재앙이 된다. 또 중간중간 진행 사항을 보고하지 않는 습관은 문제를 키운다. 중간에라도 어려움을 얘기했으면 고객이 대안을 마련할 수 있었을 것이다. 하지만 "아무 문제없다고" 큰 소리를 치다가 고객을 분노하게 만든 것이다. 최 사장은 사업을 성공으로 이끈 강점이 많았지만 간과하고 무시해온 맹점 한두 가지가 그간의 노력을 물거품으로 만들었다.

예전에 《위대한 나의 발견 강점 혁명》이란 책을 재미있게 읽었다. 약점보다는 강점에 집중하는 것이 효과적이란 메시지의 책이다. 약점을 보완하는 것도 중요하지만 그 보다는 강점에 시간과 에너지를 집중해야 성공할 수 있다는 주장이다. 지금도 그 점에는 동의한다. 하지만 약점을 제대로 관리하지 못하면 그 강점마저도 약점으로 바뀔 수 있다는 사실을 이 책을 번역하며 깨달았다.

자신의 맹점을 보는 것은 쉽지 않다. 그렇지만 저자는 이런 맹점을 발견하고 파괴해야만 성공을 완성할 수 있다고 이야기한다. 그녀가 만났던

수많은 사람들 역시 작은 습관에서 혹은 치명적인 결점에서 맹점을 발견하고 이를 파괴해 일과 인생에서 성공을 거두었다. 강점에만 집중해서 맹점을 보지 못한 경우도 있었고 과거의 습관이 굳어져 성공을 가로막는 맹점이 된 경우도 있었다. 스트레스를 억누르거나 다른 사람의 의중을 제대로 파악하지 못해서, 의사소통을 명확하게 하지 못한 데서 오는 맹점도 있었다.

저자는 이를 위해 맹점파악을 위한 5가지 원칙을 소개하는데 그것은 다음과 같다. 첫째, 중립을 방해하는 분노, 비난, 후퇴를 없애 판단만 하지 말고 자신을 객관적으로 봐야한다. 둘째, 낙관적인 방향으로 상상력을 활용하면 맹점을 발견할 수 있다. 셋째, 목표 선언문을 이용해 '성공'이라는 목표에 집중해야 한다. 넷째, 강점의 잠재력을 이해해야 한다. 다섯째, 자신감이 가진 효율성을 극대화해 맹점을 파악하고 이를 강점으로 만들어야 한다.

사람은 누구나 강점과 맹점을 갖고 있다. 성공을 위해서는 강점은 최대화하고 맹점은 최소화시킬 수 있어야 한다. 이를 위해서는 우선 자신의 맹점에 대해 정확하게 인지해야 한다. 그것은 끊임없는 자기 발견의 과정이다. 지금 현재의 맹점과 5년 후 10년 후 맹점은 전혀 다를 것이다. 이를 인지하고 자신을 경계한다면 맹점으로 인해 생길 어려움은 물론 맹점의 반은 해결한 것이다. 이 책의 다양한 사례와 해결 도구를 통해 자신의 모습을 객관적으로 보고 맹점을 해결하는데 도움이 되길 기원한다.

한근태

맹점은 실수투성이 삶을
성공으로 이끄는 긍정 에너지다

똑똑한 데다가 실적까지 뛰어난 그 사람이 승진하지 못하는 이유는? 새로운 아이디어와 책임감이 넘치지만 번번이 성과가 낮다면? 침 튀겨가며 말하지만 왜 상대방은 전혀 알아듣지 못할까? 화려한 경력을 가졌지만 새로운 직장을 찾지 못하는 이유는?

10년 동안 포춘 500대 기업에서 컨설팅을 수행하면서 끊임없이 스스로에게 던졌던 질문들이다. 유능한 인재들이 모여 뛰어난 성과를 올리는 기업에서조차도 구성원들 사이에 갈등이 벌어지고 있었다. 또 성공을 가로막는 비합리적인 판단들이 비일비재했다. 하지만 이에 대해 어느 누구도 정확히 인식하지 못했고 해결 방안에 대해서도 진지하게 모색하지 않았다. 단순히 의사결정구조나 비전에 문제가 있었던 것이 아니었다. 조직원이 어떻게 사고하고 어떻게 결정을 내리느냐가 문제의 핵심이었다. 나는 상담심리학을 공부하며 사람들이 조직에서 어떻게 사고하고 어떻게 그것을 표현하는지, 왜 결정적인 순간 감정적으로 대응하는지에 대한 답을 찾을 수 있었다.

사람들의 심리와 생각의 작동 방식을 파악하고 난 뒤, 내 목표는 기업 컨설턴트에서 '숨겨진 재능과 잠재력을 발굴해 높은 성과를 내도록 돕는 개인 코치'로 바뀌었다. 하지만 동료들은 내 꿈에 대해 회의적이었다.

"보람 있기는 하겠지만 그걸로 밥 먹고 살기는 어려울 겁니다!"

기업 컨설팅이 아닌 개인 코칭으로는 만족할만한 수입을 기대하기 힘들다는 것이 이유였다. 현실은 냉엄했지만 나는 열정적으로 노력했다.

대학원을 마치고 직장인전문교육기관 호프웰(HopeWell)을 창업해 '임원 코칭(Executive Coaching)'을 시작했다. 지금은 널리 알려져 있는 임원 코칭은 당시만 해도 낯선 분야에 속했다. 그만큼 쉽지 않은 길이었지만, 지난 15년 동안 다양한 기업 CEO, 고위 관리자, 전문가들과 일해왔다. 나는 세미나, 그룹 트레이닝, 리더십 학습과 동기부여연설을 거치면서 내가 고안한 자기 혁신법을 각계각층의 개인에게도 충분히 적용할 수 있다는 가능성을 실감했다. 그리고 고객들의 입 소문을 통해 기업과 정부, 대학 등 다양한 조직에 속한 리더들의 변화와 혁신을 도울 수 있었다.

고객들에게 '코칭을 받은 후 무엇이 가장 크게 변했는가'를 물으면 대부분 비슷한 대답을 한다.

"전에는 볼 수 없던 내 모습을 보게 되었습니다. 그것이 성공에 큰 영향을 미쳤습니다."

나는 고객들에게 긍정적으로 생각하는 방법을 가르친다. 이를 통해 고객들은 일과 인생에서 성공을 거둔다. 그들이 크고 작은 성공을 거두는 모습을 목격할수록 내 목표는 하나로 좁혀졌다. 바로 그들 스스로 '맹점'을 파괴하도록 만드는 것이다.

사실 내가 사람들의 맹점에 대해 처음 인식했을 때는 단순히 '성공을 가로막는 문제 있는 행동' 정도로 보았다. 하지만 시간이 지나면서 맹점은 성가신 습관 이상으로 함축하는 바가 많다는 것을 깨달았다. 그것은 강점을 제대로 발휘하지 못하게 하고 중요한 재능을 감추는 장애물이었다. 자칫 수년 동안 공들여온 커리어를 망칠 수도 있는 것이었다.

하지만 맹점은 또 다른 세계를 볼 수 있는 기회를 제공한다. 맹점을 파악하는 것은 큰 창문을 여는 것과 같다. 그 창문을 통해 새롭고 선명한 시야를 확보할 수 있다. 주변 사람을 전혀 다른 관점에서 볼 수 있을뿐 아니라 어려운 사람을 대하는 법을 배우게 된다. 또한 놀라운 성과를 달성할 수 있다. 직장과 개인 생활에서 균형을 찾는 것은 물론 언제든 성공의 기회를 잡을 수 있다.

누구에게나 맹점은 존재한다. 하지만 맹점은 강점처럼 쉽게 드러나지 않는다. 분명한 것은 이 책을 집어든 당신이 자신의 맹점을 파악하고 그것을 파괴하는 순간, 그동안 꿈꿔온 성공과 행복에 한 발짝 더 다가갈 수 있다는 점이다.

《맹점파괴의 기술》은 맹점을 파악하는 데 필요한 기본 원칙, 맹점 분석 도구, 맹점파괴 전략을 통해 인생을 바꿀 수 있는 구체적인 방법을 제시하는 책이다. 더불어 그동안 내가 만났던 많은 고객들의 생생한 경험담을 담아 독자들에게 '나도 조금만 노력을 기울이면 맹점을 파괴할 수 있다!'는 자신감을 심어준다.

이 책은 세 가지 부분으로 구성되었다. 첫째, 맹점파악의 5가지 원칙을 설명한다. 여기서는 예전에 몰랐던 자신의 진짜 모습을 깨닫기 위해 필요한 마음가짐에 대해 이야기할 것이다. 둘째, 맹점을 강점으로 바꾸는 5가지 전략을 설명한다. 즉 맹점을 파악하는 것에서 그치지 않고 그것을 강점으로 바꿔 보다 강력하게 자기를 혁신할 수 있는 법을 제시한다. 셋째, 9가지 맹점 유형분석을 통해 자신에게 꼭 맞는 '일대일 맞춤형 맹점 파괴 전략'을 수립하도록 돕는다.

빌 게이츠(Bill Gates)는 '변화(Change) 속에 기회(Chance)가 숨어 있다'고 말했다. 변화 속의 기회를 발견하는 일은 이제 당신의 손에 달려 있다. 맹점은 성공을 가로막는 장애물이 아니라 성공을 돕는 핵심 원동력이라는 사실을 이 책을 통해 직접 경험하기 바란다.

클라우디아 셸턴

CONTENTS

Blind Spots

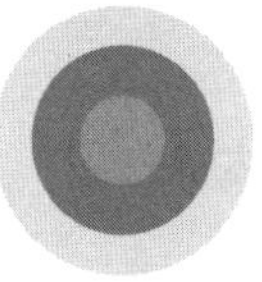

Blind Spots

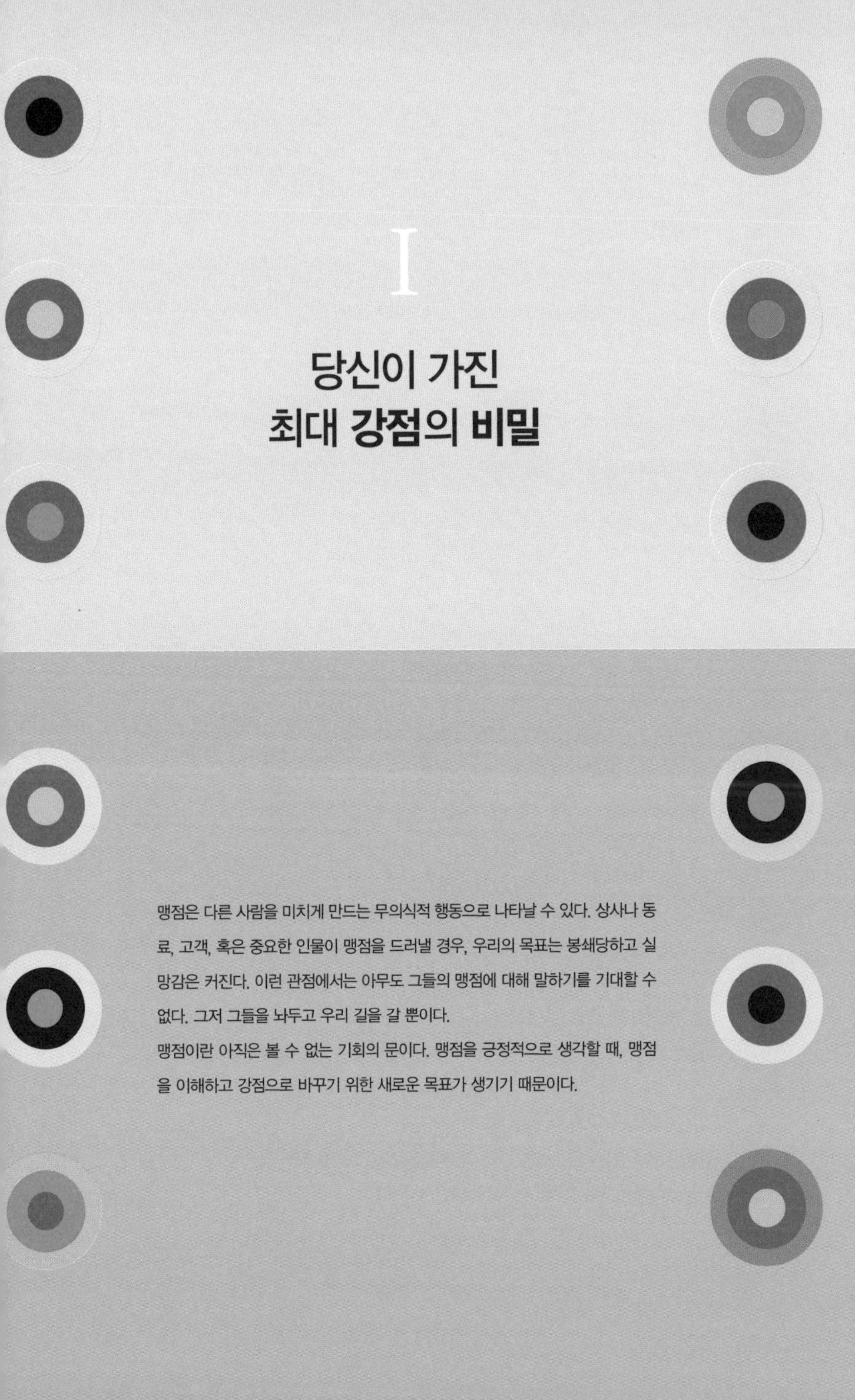

I

당신이 가진
최대 강점의 비밀

맹점은 다른 사람을 미치게 만드는 무의식적 행동으로 나타날 수 있다. 상사나 동료, 고객, 혹은 중요한 인물이 맹점을 드러낼 경우, 우리의 목표는 봉쇄당하고 실망감은 커진다. 이런 관점에서는 아무도 그들의 맹점에 대해 말하기를 기대할 수 없다. 그저 그들을 놔두고 우리 길을 갈 뿐이다.

맹점이란 아직은 볼 수 없는 기회의 문이다. 맹점을 긍정적으로 생각할 때, 맹점을 이해하고 강점으로 바꾸기 위한 새로운 목표가 생기기 때문이다.

1

변화를 위한 첫걸음,
맹점의 재발견

당신의 맹점은 무엇인가?

새로운 직업을 찾거나 승진을 준비할 때, 보다 균형 잡힌 삶이나 다른 어떤 목표를 추구할 때, 중요한 결정을 내릴 때 등 맹점은 삶의 매 순간에 큰 영향을 미친다. 맹점이란 우리가 무의식적으로 생각하고 행동하는 것 중 '다른 사람들이 나를 부정적으로 생각할 수 있는 요인'을 뜻한다. 다른 사람은 당신의 거슬리는 행동을 눈치 채지만 당신은 그것을 의식하지 못하거나 그 영향을 과소평가할 수 있다.

맹점은 때로 짜증나는 습관으로 나타나기도 하고 최악의 경우에는 커리어 전체를 후퇴시킬 정도의 비극적인 결함이 될 수도 있다. 성공 앞에서 번번이 좌절을 경험하고 있다면 맹점 탓은 아닌지 의심해보라.

맹점(Blind spots)의 사전적인 의미는 빛에 둔감해서 시력감퇴를 유발하는 망막의 작은 부위이다. 지금은 운전 시 나타나는 시각적인 사각지대(자동차 백미러에서 시야를 놓치는 지점)를 비롯해 정치, 경제, 사회, 문화적 의미로도 널리 쓰이고 있다. 《맹점파괴의 기술》은 비즈니스 현장에서 맹점이 어떠한 형태로 나타나고 어떻게 성공을 방해하고 있는지 분석한다. 또한 자신의 맹점을 파악하고 이를 성공적으로 파괴하는 방법을 제시해 새로운 성공방식을 제안한다.

비즈니스 현장에서 나타나는 맹점의 원인은 다음과 같다.

- 강점을 과용할 경우 약점이 될 수 있다.
- 약점은 개발할 경우 강점이 될 수 있다.
- 자신이 처한 환경이 강점이나 약점을 판단하는 데에 영향을 미칠 수 있다.
- 자신이 강점이나 약점이라고 믿고 있는 것이 다른 사람들이 보는 것과 크게 다를 수 있다.

하이테크 기업을 이끄는 최고 경영자 150인 앞에서 강연을 할 기회가 있었다. 그 자리에서 맹점을 파괴하고 목표를 달성한 사람들에 대한 다음의 사례를 이야기하게 되었다.

모 회사의 부사장인 빌은 자신의 강력하고 역동적인 커뮤니케이션 방식을 강점으로 생각하고 있었다. 모든 구성원이 목표에 대한 절박함을 느껴야 한다고 생각한 그는 다소 소극적인 여직원과의 면담에서 회사에 대한 적극적인 헌신을 요구했다. 그녀는 거의 말이 없었다. 하

맹점파괴의 기술

지만 빌은 자신이 생각한 대로 대화가 잘 진행되고 있다고 믿었다.

얼마 후 빌은 다른 사람을 통해 그녀가 그날의 대화를 '폭언'으로 느꼈다는 사실을 알게 되었다. 그래서 다른 사람들과 그녀의 문제를 상의했지만 좀처럼 그녀의 감정을 이해하기가 어려웠다. 그러던 중 나를 만나 맹점에 대한 설명을 듣게 된 빌은 강점이라고 생각하고 있던 자신의 커뮤니케이션 방식이 맹점이라는 것을 인식했다. 업무 스타일과 생활 배경이 빌과는 확연히 달랐던 이 여직원은 빌과의 대화를 의욕을 상실하게 하는 부정적인 것으로 받아들였다.

재니스도 빌처럼 맹점 때문에 난처한 일을 당했다. 그녀는 유능하고 에너지가 넘치는 창의적인 사람이었다. 하지만 늘 갈등을 몰고 다녔기 때문에 상사는 그녀를 '까다로운' 사람이라고 생각하고 있었다. 재니스는 사람들이 자기를 공격적이라고 생각하는 이유를 이해할 수 없었고 '어려운 사람'으로 여기는 것도 불쾌했다. 재니스의 맹점은 문제의 핵심을 빠르게 파악하기 위해 강하고 단도직입적인 질문을 이용한다는 점이었다. 이런 방식은 사람들을 불쾌하게 했고 급기야 심각한 갈등을 일으켰다.

가장 일반적인 맹점은 강점을 오용하는 데서 나타난다. 빌이 자신의 기대치를 일방적으로 전달하는 방식이나, 재니스가 급하게 정보를 모으는 것은 강점에 의지한 행동이다. 그러나 이처럼 강점은 자신도 모르는 사이 다른 사람의 의욕을 상실시키기도 한다.

말콤 글래드웰(Malcolm Gladwell)은 《블링크 *Blink*》에서 과학자들이 9개월간 조사해 진품이라고 결론내린 유물을 고대 미술품 전문가는 순간적으로 가짜로 판별할 수 있음을 보여주었다. 미술품 전문가들은 "많은 변수 중 차이를 만드는 소수 요인을 알아내는, 소위 얇게 조각내어 관찰하는(Thin-slicing) 기술"에 완벽하기 때문이다. 나는 이들처럼 잠재력을 발휘하게 하는 요인을 얇게 조각내어 관찰하는 기술을 발전시켜왔다. 내 목표는 사람들이 성공의 결정적 요소를 얇게 조각내어 관찰해 자신의 최대 강점과 이와 연관된 맹점을 인지하게 하는 것이다.

세계적인 전력 생산업체 AES 회장이며 《일의 즐거움*Joy at Work*》저자 데니스 바케(Dennis Bakke)는 기업은 모든 사람이 자신의 재능을 사용하는 기쁨을 경험할 기회를 제공해야 한다고 말한다. 그리고 《내게 꼭 맞는 직업을 찾는 책*Do What You Are*》의 저자 폴 티거(Paul Tieger)는 강점이 각자에게 가장 큰 만족을 주는 경력을 제시한다고 설명한다. 당신이 재능을 발휘하는 데 어려움이 있다면 바로 맹점 때문이다. 맹점을 인식해야 강점을 최고로 적용할 수 있다. 맹점은 아직 발견 못 한 강점을 이해시켜 주고 강점을 효과적으로 사용하지 못하는 영역을 알려준다. 30세 세일즈맨 조이가 얻은 교훈을 보자.

최고 실적으로는 충분하지 않다

조이는 회사 내에서 최고 실적을 자랑하는 세일즈맨이다. 그는 다양한 프로젝트를 넘나들며 사람들과 관계를 맺고 즐겁게 해주는 능력을 최고 강점이라고 생각하고 있었다. 학창시절에는 학급 대표, 스포츠 팀 대표를 도맡았고 여학생들에게도 인기가 많았다. 대학에 가서도 우등생

맹점파괴의 기술

이었던 그는 늘 분위기 메이커 역할을 했고 어떤 사람과 어떤 주제로도 이야기할 수 있었다. 그는 세일즈를 하면서도 늘 이러한 자신감에 차 있었다. 그러던 어느 날 세일즈 매니저가 공석이 되자 조이는 그간의 실적을 떠올리며 승진을 확신했다. 하지만 그는 승진에서 제외되었다..

새 매니저는 조이보다 어리고 판매실적도 부진한 사람이었다. 조이는 이 사실에 화가 났고 큰 충격을 받았다. 회사의 결정을 도무지 이해할 수 없었다. 그는 이를 편파와 정치의 작품이라고 생각했다.

아무도 조이에게 그가 인정받지 못한 이유를 말해주지 않았다. 경영진은 조이가 사내 최고 영업자이지만, 매니저가 되기 위해서는 2%가 부족하다고 생각했다. 하지만 조이는 그렇게 생각하지 않았다.

조이의 상사인 헥터의 생각

"조이는 고객에게 접근하는 방법을 잘 알고 있습니다. 전국에서 최고의 실적을 올리고 있고 경영자로서의 잠재력도 갖고 있습니다. 하지만 조직 내 사람들에게 동기 부여하는 방법을 제대로 이해하고 있는지 확신할 수 없습니다. 조이의 스타일은 부담스러울 수 있어요. 언제나 주목받는 스타가 될 수는 없습니다. 그는 팀이 함께 일을 하기 위해 무엇이 필요한지 이해해야 합니다. 세일즈 미팅의 기본, 판매 보고서를 완성하는 것, 다른 구성원의 얘기를 경청하는 것 등이 그것입니다. 솔직히 우리 회사 CEO는 재무 출신이지 세일즈 출신이 아닙니다. 그의 마케팅 능력을 높이 평가하지만 우리는 사업 운영의 질서와 규율에 신경을 쓰는 관리자를 원합니다. 조이가 앞서가고 싶다면 사업의 이런 측면에 좀더 신경 쓸 필요가 있습니다."

사실, 조이가 승진하지 못한 것은 그리 놀랄 일이 아니었다. 그의 상사는 조이의 농담, 회의 불참, 마감을 넘기는 보고서 등에 대해 늘 경고했다. 하지만 조이는 이 피드백을 간과했다. 자신의 끝내주는 판매 실적에 비하면 상사의 지적은 사소한 것이라고 여겼다. 그는 자신의 행동이 다른 사람들에게 얼마나 폐를 끼치고 있는지 몰랐다. 또한 이런 행동이 다른 사람들에게 어떤 느낌을 주고 있는지 알아보려고도 하지 않았다. 결국 그는 목표를 달성하기 위해 필요한 것을 냉철하게 직시하지 않았다.

조이처럼 자신의 맹점을 똑바로 보는 것은 쉽지 않은 일이다. 대부분의 사람들이 커다란 위기나 실망스런 사건이 생기기 전에는 자신의 문제되는 행동을 제대로 보지 않으려 한다. 여기에는 두 가지 이유가 있다.

첫째, 맹점으로 나타나는 행동은 유년시절에 형성되어 오랫동안 버릇으로 굳어졌기 때문이다. 습관이 되어 이미 우리 삶에 뿌리 내렸기 때문에 그 영향에 대해 제대로 인지하지 못한다. 오래된 습관을 새로운 환경에 순응시키지 못하지만 조이처럼 우리도 이것을 큰 문제로 여기지 않는다. 과거에 유용했던 의식과 행동이 반드시 현재에도 유용하지 않다는 것을 조이의 사례가 보여주고 있다. 대부분의 사람들이 익숙한 습관이 맹점이 될 수 있음을 의식하지 못한 채 그것이 유일한 성공 방법이라고 생각한다. 조이 역시 자신의 접근 방식에 대해 한번도 의문을 제기하지 않았다. 이런 큰 실망을 경험하기 전까지는 말이다.

둘째, 사람들은 다른 사람에게 부정적인 이야기를 하려고 하지 않

 ● 맹점파괴의 기술

기 때문이다. 다른 사람에게 긍정적인 말을 하는 것은 쉽고 즐겁다. 헥터는 조이가 최고 판매 실적을 올릴 때마다 칭찬을 아끼지 않았지만 조이의 맹점에 대해 부정적인 피드백을 주는 것은 꺼려했다. 특히 조이가 부정이나 변명, 주제를 돌리는 방식으로 반응할 때는 더욱 그랬다.

나는 조이가 승진에서 탈락한 후 앞으로 어떻게 할 것인지 결정하려는 때 그를 만났다. 회사는 나에게 그가 훌륭한 리더가 될 수 있는 충분한 잠재력을 가졌다고 믿었고 다음 승진을 대비해 그를 준비시켜줄 것을 요청했다. 나는 조이와 함께 맹점을 발견하고 행동 수정계획을 짜는 일에 착수했다.

사람들은 목표를 달성하지 못하거나 실패의 이유를 모를 때 좌절한다. 하지만 누구든 자신의 부족함에 대해 듣는 일은 쉽지 않다. 다른 사람이 우리를 부당하게 본다고 생각하면 화를 내거나 상대를 비난을 하기도 한다. 맹점에 대한 이야기는 사람을 긴장시키고 공격적으로 만들 수 있다. 그러나 목표를 달성하고 맹점의 핵심에 도달하기 위해서는 이런 부정적인 감정에서 벗어나야 한다. 이것이 맹점을 극복하는 가장 중요한 단계이면서 가장 어려운 점이다.

조이는 나와 상담을 하면서도 승진에서 탈락한 것은 회사 잘못이었다고 생각했다 하지만 다음 승진에 다시 도전하기로 결심했다. 그리고 맹점을 파악하고 수정하기 위해 심혈을 기울였다. 종종 부정적인 감정이 솟아오르면 매니저 책상에 앉아 있는 자기 모습을 그리며 마음을 가다듬었다.

조이는 상사를 비롯해 승진에 영향을 미치는 사람들로부터 정보를 얻어 내기로 했다. 사람들에게 조심스럽게 다가가 "댄의 승진을 축하해요. 아쉬운 마음이 남긴 하지만요. 참, 그래서 말인데 제가 승진을 하려면 무엇을 고쳐야 하는지 알고 싶습니다. 하하."라고 이야기 했다. 조이는 자신의 탁월한 관계맺기 기술을 활용해 이런 대화를 편안하고 즐겁게 만들었다.

하지만 상사와의 만남은 그 동안 해왔던 대화와는 판이하게 달랐다. 조이는 우선 상사가 하는 말을 주의 깊게 들었다. 자신을 방어하기 위한 논쟁을 벌이지 않았다. 그의 목표는 상사의 견해를 바꾸는 것이 아니라 왜 승진을 못했는지에 대한 정보를 모으는 것이었다. 상사가 말하는 모든 것에 동의하지는 않았지만 상사가 무엇을 약점으로 생각하는지는 명확하게 알 수 있었다. 조이는 판매 보고서를 종종 늦게 제출했고 그 내용은 이해하기가 힘들 정도로 산만했다. 세일즈 미팅에 늦거나 참석하지 않는 경우도 있었다. 조이의 이런 행동들이 상사의 눈에는 더 큰 책임을 맡기에는 자기 규율이 부족한 것으로 보였다.

이 과정에서 조이는 최고 강점인 원만한 관계맺기 기술을 상사와 팀원과의 관계에서는 제대로 발휘하지 못했다는 사실을 깨닫게 되었다. 고객 판매에 너무 집중한 나머지 다른 사람과의 관계를 소홀히 한 것이다. 상사인 헥터의 의견을 들으면서 '헥터는 오랫동안 내가 소홀히 하고 있는 것에 유의하라고 말하려 했다. 내가 신중했다면 지금쯤 매니저가 되었을 것이다. 이제 고객을 대하는 방식으로 상사를 대해야겠다. 조금만 노력해보자'라고 생각했다.

또한 조이는 자신이 이해할 수 있는 정보가 쌓일수록 공격적인 모습이 줄어든다는 사실을 발견했다. 그간 사람들이 이야기하는 것은 자기가 아니라 '사무실에 앉아 있는 다른 사람들'이라고 생각했다. 자기 스스로 정보를 모으는 것에 게을렀던 조이는 다른 사람의 관점을 이해하면서 자신의 강력한 관계맺기 기술로 이 상황을 어떻게 바꿀 수 있을지 고민하기 시작했다.

시간이 지나면서 조이는 어떻게 하면 자신의 맹점을 잠재력으로 볼 수 있는지 배울 것이다. 맹점은 종종 자신의 최대 강점에서 발견되기도 한다. 이런 맹점을 발견하기 위해서는 자기 자신에 대한 객관적인 그림을 그려야 한다. 그래야만 간단하면서도 객관적인 방법으로 맹점수정계획을 세울 수 있다.

맹점을 보기 위한 프레임워크

수백 명의 사람과 수천 개의 집단을 대상으로 맹점에 대한 연구조사 결과, '다섯 가지 맹점 프레임워크(Five Most Common Blind Spots Framework)'를 개발했다. 이 프레임워크로 자신에 대한 주변의 평가를 간단하지만 객관적으로 요약할 수 있다. 또한 어떤 맹점이 자신의 잠재력을 제한하고 있는지 객관적으로 생각하도록 돕는다. 다음은 조이의 맹점 프레임워크이다.

다섯 가지 맹점 프레임워크 | 조이의 맹점

- 잘못 사용된 강점 지나치게 '유쾌하다'
- 오래된 습관 유쾌함이 하나의 기술이 아닌 '바로 나의 모습'이라고 본다
- 스트레스 표출 눈에 거슬리는 행동을 한다. 예컨대 세일즈 미팅이나 보고서 잊어버리기
- 고장 난 레이더 상사와 다른 사람들에게 중요한 것이 무엇인지 경청하지 못한 것
- 단절 지나치게 말이 많다

1. 잘못 사용된 강점: 강점을 얼마나 무능하게 사용하고 있는가

대부분의 사람들은 자기만의 핵심 강점을 갖고 있다. 내가 본 가장 흔한 맹점은 바로 이 핵심 강점을 과용하는 것이었다. 조이는 경청이 필요한 순간에 유쾌한 자신의 강점을 지나치게 사용했다는 것을 인식했다.

2. 오래된 습관: 진부한 행동을 얼마나 반복하고 있는가

오래된 습관은 발견하기 가장 어려운 맹점이다. 왜냐하면 습관은 굳어버린 사고방식과 행동 양식이기 때문이다. 조이는 엔터테이너로서의 재능을 사용해 긍정적인 주목을 받는 것을 배우면서 일찍이 일종의 패턴을 개발했다. 하지만 그것은 자신감 있는 고등학교 남학생에게만 유효한 스타일이었다. 사회생활을 시작하면서 이 습관은 조이의 인상에 좋지 않은 영향을 미쳤다. 이 맹점을 없애기 위해, 조이

맹점파괴의 기술

는 '진정한 나'에 대해 깨달을 필요가 있었다.

3. 스트레스 표출: 스트레스를 얼마나 부정적으로 표현하고 있는가

스트레스가 보이지 않는다고 생각할지 모르지만 우리는 무의식적으로 그 정도를 알리고 있다. 스트레스를 억누르려는 사람은 자아비판이나 자기회의에 빠지거나 자신의 부족함을 지나치게 알리려고 한다. 혹은 심한 완벽주의자이거나 다른 사람에게 지나치게 인색하다. 조이는 자주 스트레스를 느끼지 않는다고 생각했지만, 업무에 집중하지 못할 때 다른 사람에게 스트레스를 전가시켰다. 이 경우 조이는 세일즈 미팅이나 실적 보고서를 잊어 버렸다.

4. 고장 난 레이더: 다른 사람을 얼마나 오해하고 있는가

레이더가 조율되지 않으면 다른 사람이 던지는 무언의 암시를 읽지 못한다. 어떤 사람은 무언의 단서를 너무 많이 읽어 다른 사람의 의도를 곡해하는 경우가 있다. 조이는 상사와 동료들이 경청을 원할 때 그들을 즐겁게만 해주려는 소통의 또 다른 극단에 있었다. 그래서 이런 단서를 놓쳤다.

5. 단절: 의사소통에 얼마나 실패하고 있는가

의사소통 단절에는 여러 경우가 있다. 조이는 지나치게 말을 많이 하며 상사와 동료가 말할 기회를 주지 않았다. 충분한 공감대 형성 없이 일방적으로 자기 주장을 관철하려고 했다.

조이의 맹점수정계획

1. 시간 관리
  • 모든 세일즈 회의에 참석하고 보고서는 제 시간에 제출한다.

2. 다른 사람들에 대한 경청·공헌
  • 팀원들과 상사의 긍정적인 기여에 대해 언급한다.
  • 일주일에 최소한 세 번 질문한다. 달력에 계획한다.

3. 훈련효과를 증명하기 위한 특별 프로젝트
  • 특별 프로젝트를 요청한다. 격주 회의에서 상사와 토론한다.

다섯 가지 맹점 프레임워크를 완성한 조이는 자신의 맹점을 강점으로 바꾸기 위한 맹점수정계획(Clear Sight Plan)을 세웠다. 이런 계획 없이는 변화의 초점을 잃을 수도 있다. 조이는 이 계획으로 변화를 위한 지속적인 노력을 할 것이고, 상사와 다른 사람들은 이를 주목하기 시작할 것이다.

맹점수정계획에 대해 구체적으로 이야기 하겠지만 조이가 수행한 간단한 방법에 주목해 보자. 그는 블랙베리(BalckBerry-키보드를 탑재한 휴대전화로 단말기 한 대로 인터넷·e-메일·휴대폰·일정관리 등의 다양한 기능을 사용할 수 있어 비즈니스용으로 널리 쓰이고 있다)를 활용해 미루던 보고서를 작성하고 회의에 성실히 참석했다. 자신의 블랙베리에 일주일에 세 번 다른 사람들이 하고 있는 것에 대해 질문함으로써 주변 사람들에게 집중하는 시간을 계획했다. 그리고 회의에서 그 내용에 대해 적극적으로 이야기했다. 처음에는 형식적이었지만 웃고 떠들기보다는 다른 사람의 공헌에 초점을 맞추기 시작했다.

나중에는 블랙베리 없이도 이렇게 할 수 있었다. 마침내, 그는 경영진에게 판매재무분석에 관한 특별 프로젝트 계획을 제출하고 경영에 대한 자신의 능력을 입증하기 시작했다.

"세일즈 매니저가 되지 못했을 때 정말 화가 났습니다. 그때는 회사가 내 판매실적을 무시했다는 생각밖에 들지 않았습니다. 하지만 얼마 전에 매니저로 승진했습니다. 어떻게 했냐고요? 힘이 들긴 했지만 부정적인 감정을 몰아내고 매니저가 되겠다는 목표를 세워 전력을 다했습니다. 우선 상사인 헥터가 생각하는 나의 약점을 바꾸기 위해 그에게 다가가기 위해 노력했지요."

"그동안 아무도 제게 부정적인 말을 하지 않았습니다. 분노를 억누르고 사람들에게 일대일로 다가가 저에 대한 생각을 묻는 일을 얼마간 했습니다. 이 때 사용한 다섯 가지 맹점 프레임워크는 저에 대한 생각을 정리하는 데 도움이 되었습니다."

"사람들은 제가 제 일에만 집중하고 팀을 돌보지 않는다고 생각했습니다. 헥터는 제가 매니저가 될 만한 자격이 있다고 생각하지 않았습니다. 저는 변화를 시도한 부분에 대해 이야기하고 한 달에 한 번 정도 그 노력을 감지할 수 있었는지 헥터에게 물어 보았습니다. 그의 긍정적인 반응은 큰 격려가 됐습니다. 우리의 전반적인 관계도 많이 개선되었습니다."

"쉬운 일은 아니었지요. 제게 맹점이 있다는 것을 인정하는 데만 한 달이 걸렸습니다. 맹점이 나를 제한하고 있다는 것을 인지조차 못했습니다. 그만큼 습관이 무섭습니다. 일단 다른 시각에서 사물을 보자 목표를 향해 전진할 수 있는 힘이 생겼습니다. 전 일하는 방식에 단순한 변화를 일으켰을 뿐입니다. 하지만 이 경험은 인생을 보는 전반적인 방식에도 변화를 주었습니다."

우리 사회에 맹점이 만연하다면 그것이 당신의 성공을 가로막을 때까지 두고만 봐야 할까? 차세대 지도자를 키우는 일에 투자하는 많은 회사들은 리더의 자질이 보이는 사람을 선발해 일대일로 도와줄 전문가를 고용한다. 맹점을 파악하고 제거하는 활동은 임원 코칭의 핵심인 것이다.

샌드라는 내게 임원 코칭을 받았던 40세의 여성이다. 샌드라의 상관은 그녀의 뛰어난 가능성을 보았다. 그는 샌드라가 개인적인 공헌에서 벗어나 조직을 경영하는 사람이 될 수 있도록 코치해달라고 했다. "그녀는 대단합니다. 똑똑하고, 함께 일하기 즐겁고, 어떻게 일하면 좋을지 효율적인 방법까지 알고 있습니다. 잠재력이 상당합니다. 그녀를 국제 본부의 차기 대표로 생각하고 있습니다. 잘 성장할 수 있도록 도와주십시오."

리더로 성장하기 위해서 샌드라는 상사, 동료, 보고서, 고객과의 관계에서 미묘한 차이를 발견해야 했다. 그녀는 임원 코칭 과정을 통해 맹점을 얇게 조각내어 관찰하는 법을 배웠다. 그리고 그것이 자신이 승진한 열쇠라고 믿고 있다.

맹점의 영향력은 놀라운 속도로 커지고 있다. 우리는 생활 속에서 속도를 추구한다. 그것이 주된 관심이다. 그러다 과부하가 걸린다. 선택할 것이 많아 근심에 쌓이는 것은 물론 건강까지 위협받는다. 이 모든 것이 강점을 과용하고 약점을 간과하기 쉽게 만든다. 우리는 자신을 객관적으로 볼 수 있을 만큼 독립적이지 못하다. 편안하게 느껴

맹점파괴의 기술

지는 오래된 습관에 빠지기 쉽고 맹점의 문제를 제대로 의식하지 못한다.

내가 만난 어떤 여성은 토론토에서 연설을 마치고 5분 안에 뉴욕에서 회의에 참석할 가능성에 대해 상상한 적이 있다고 털어놓았다. 물론 불가능한 일이지만 할 일이 너무 많은 나머지 그런 생각까지 해본 것이다. 우리는 일에 쫓겨 눈이 멀어 본질을 보지 못한다.

다른 사람과 함께 일하는 사람이라면 누구나 맹점을 이해하고 다룸으로써 더욱 성공할 수 있다. 나는 기업 임원, 기업가, 교육자, 고위 공무원, 비영리단체, 심지어 자영업을 하는 사람들이 맹점을 인지하고 파괴함으로써 더 높은 효과와 보상을 얻을 수 있음을 깨닫도록 도왔다. 특히 경력 초기에 그런 맹점을 인식하고 없앨수록 성공 가능성은 높아진다.

이 책을 읽으면 처음으로 자신의 맹점과 대면할 기회가 있을 것이다. 용기와 개방적인 태도가 필요하다. 맹점을 인지할 뿐만 아니라 잠재력을 발휘할 수 있게 하는 선명한 시야를 얻을 것이다. 내 목표는 당신이 다른 사람들과 관계를 맺으면서 맹점 없이 살고 일하도록 돕는 것이다!

맹점을 파악하기 위한 전략

- 다른 사람인 것처럼 자신을 분석하라. 그러면 과정을 객관화할 수 있다.
- 항상 강점을 분석하는 것부터 시작하라. 긍정적인 관점을 가지게 된다.

- 맹점을 약점이 아니라 강점을 충분히 사용하기 위한 행동으로 보라.
- 강점과 맹점에 대한 다른 사람의 의견을 모아라.
- 사람들에게 부탁하기를 주저하지 말라. 자신감 있는 사람은 언제나 균형 잡힌 피드백을 요청한다.
- 사람들이 당신에게 부정적인 피드백을 전할 수 있도록 편안하게 대하라. 그들의 도움에 감사하라.
- 맹점을 파악했다면 우선순위를 정하라.

각 장 마지막에 한 가지 질문을 던질 것이다. 당신이 내놓은 답을 따라가면 시간이 지나면서 맹점을 추적하는 데 도움이 되는 자화상(Personal Self-Portrait)을 만들 수 있다.

첫 번째 질문이다. 업무 상 당신의 최고 강점을 어떻게 정의할 것인지 생각해보라. 감정을 과도하게 드러내 오히려 맹점을 유발하고 있지 않은가?

맹점파괴의 기술

2

맹점을 넘어,
넓게 보는 시각이 필요하다

맹점은 목표에 대한 초점을 흐리게 한다. 목표 달성을 위한 개인적 강점을 인지하고, 강점을 과용할 때 생기는 맹점을 파악하고, 그것을 강점으로 바꾸는 전략을 세울 때 성공에 대한 넓고 선명한 시각을 얻을 수 있다. 시야를 확보하는 것은 퍼즐조각 맞추기와 유사하다. 전체 조각이 어떻게 맞춰지는지를 보여주는 원형이 보일 때까지 모든 조각을 관찰해야 한다. 그런 다음 퍼즐의 다른 부분을 완성하게 해주는 단서들을 찾아야 한다. 천천히 전체 퍼즐의 완성을 위해 각 부분이 합쳐지는 방식을 발견할 것이다.

관찰을 통해 잠재적인 맹점 조각을 파악하고 나면 그 영향력을 제거하는 일을 시작할 수 있다. 이를 본 주위 사람들이 당신의 변화를 인식하기 시작함으로써 그 일을 지속할 동기를 부여해줄 것이다.

맹점 직면을 주저하게 만드는 것은 오래된 습관에서 오는 편안한 느낌이다. 맹점을 파악하기 위해 다른 사람을 새로운 방식으로 대하는 것도 어렵게만 느껴진다. 이러한 내용을 정리하면 다음과 같다.

- 맹점을 강화시키는 행동은 익숙하고 편안하다.
- 맹점을 인지하기 위해서는 작은 습관을 새로운 방식으로 관찰하는 세심한 주의가 필요하다.
- 맹점을 수정하기 위한 첫 단계는 어색하고 아슬아슬하다.
- 실제 행동에 작은 변화를 일으키는 것은 생각보다 쉬운 일이다.
- 다른 사람이 당신에 대해 긍정적인 방식으로 반응하는 것을 보면 상당히 동기 부여가 된다.

맹점이 사라지고 선명한 그림이 눈에 들어오면, 왜 좀더 일찍 이런 변화를 일으킬 생각을 못했는지 안타까워한다. 너무 간단한 일이기 때문이다.

맹점을 인지하고 변화시키기 위해서는 자신에게 집중하는 것이 중요하다. 아서 윌리엄스(Arthur Williams)가 《성공의 원리 *The Success Principles*》에서 지적한 것처럼 원하는 것이 가능하다고 믿는 것이 필수이다. 뇌는 이전 경험을 토대로 다음에 일어날 일을 기대하기 때문이다. 그는 무릎 수술을 받으러 갔지만 실제 '환부에 대한 수술'을 받지 않은 환자에 대한 연구를 소개한다. 이 사람들은 실제 수술을 받은 환자와 마찬가지로 2년 후에 무릎이 나았다고 보고했다. 뇌가 예상한 것이 실제 나타난 것이다. 목표 달성 가능성에 대한 이런 믿음과 신념은 선명한 시야를 확보할 때도 중요하다.

맹점 파괴의 기술

성공에 도움이 되는 강점은 공동의 목표 달성을 위해 다른 사람들과 일할 때, 오히려 맹점이 될 수 있다. 엠마는 중요한 승진을 하면서 이런 변화를 경험했다.

자신감을 잃은 엠마

세 사람 단위의 팀을 지휘하던 시장조사 전문가 엠마는 30명을 이끄는 마케팅 부사장으로 임명되었다. 그녀는 설득적이면서 실용적인 분석 기술을 갖고 있어 제품의 약점을 해결할 수 있는 돌파구를 찾는 일에 탁월했다. 하지만 그녀는 새로운 직위에서 자신의 부족함을 지나치게 분석하는 일에 이 기술을 사용하고 있었다. 자신감을 잃은 엠마는 사람들과 이야기할 때 그들의 이맛살이 찌푸려진다는 것을 알아챘다. 리더로서 자기 모습에 확신하지 못한 그녀는 자신감을 회복할 수 있는 길이 필요했다.

하지만 엠마는 이번 승진으로 스타가 되었기 때문에 상사에게 이런 어려움을 말하기 어려웠다. 인사부와 의논할까도 생각했지만 역시 곤란했다. 엠마는 누군가와 접촉하기 전 다섯 가지 맹점 프레임워크를 사용하기로 했다. 엠마는 상황을 이해하면서 정리할 수 있도록 자신의 생각을 종이에 적었다.

자각하는 수단으로 프레임워크를 사용한 엠마는 현재 자신의 상황에 대해 중요한 통찰력을 얻을 수 있었다.

1. 잘못 사용된 강점 : 강점을 얼마나 무능하게 사용하고 있는가

엠마는 자신이 유능한 애널리스트라고 믿었다. 분석적인 강점을 과도하게 사용한다면 사람들에게 어떻게 비춰졌을지 자문해 보고 문제를 지나치게 분석하는 자기 모습을 상상해보았다. 너무 비판적인 모습을 보인 걸까?

2. 오래된 습관 : 진부한 행동을 얼마나 반복하고 있는가

엠마는 이 부분에 대해서는 자신이 없었다. 이미 가까운 친구와 가족들은 그녀가 너무 자기비판적이라며 이것이 그녀에게 해가 될 수 있다고 말했었다.

3. 스트레스 표출 : 스트레스를 얼마나 부정적으로 표현하고 있는가

엠마는 자신이 스트레스를 분출하지 못하고 꽁꽁 숨기려한다는 것을 알았다. 그것이 자기비판과 자기회의뿐 아니라 팀을 향한 비난을 증대시키는 것이 아닌가 생각했다.

4. 고장 난 레이더 : 다른 사람을 얼마나 오해하고 있는가

엠마는 자기비판적인 느낌이 다른 사람들에게도 감지되고 있는지는 제대로 알 수 없었다. 처음에는 몇 사람이 자신의 보고에 이맛살을 찌푸리는 것에 대해 너무 예민했던 것이 아닐까 생각했다. 하지만 사람들의 반응에는 어떤 뜻이 담겨 있을 것이란 생각이 들었다. 자신이 무언가 몹시 잘못하고 있다고 생각만 할 것이 아니라 사람들과 이런 반응에 대해 상의해야 할까?

5. 단절 : 의사소통에 얼마나 실패하고 있는가

엠마는 자신의 내향성과 은둔하는 경향에 대해 알고 있었다. 누구와도 자신의 감정을 상의하지 않았고 지금까지 이 문제를 혼자 감당하고 있었다. 직원들에게도 과묵하게 대했다. 그녀는 누군가 이야기할 사람을 찾는 것이 중요하다는 것을 깨달았다.

이러한 정보를 갖춘 엠마는 첫 번째 맹점수정계획을 구상할 준비를 마쳤다. 그녀의 자신감이 회복되기 시작한 것을 설명하면 다음과 같다.

분명한 판단을 하기 위한 3단계

맹점에서 벗어나 명확한 판단을 하기 위해서는 세 단계를 거친다. 처음에는 시간과 노력이 필요하다. 연습한다면 몇 분 혹은 몇 초 만에 체계적으로 할 수 있다. 정기적으로 한 달에 한 번 중요한 목표를

맹 점 파 괴 의 기 술

검토할 때 이를 시도한다. 이런 방식으로 성공에 영향을 줄 수 있는 맹점을 제거한다.

엠마는 첫 번째 맹점수정계획을 위해 이 단계를 밟았다.

1. 자신의 모습을 모형화한다.

목표를 점검하라. 강점을 생각하고 이것이 오히려 부정적인 결과를 가져오도록 과용하고 있지 않은지 점검하라. 엠마는 다섯 가지 맹점 프레임워크를 완성시키면서 이 일을 했다. 4장에서 좀더 살펴보자.

2. 새로운 가능성을 고려한다.

정보를 모아라. 당신을 알고 상황을 이해하는 사람과 이야기하라. 그는 동료, 친구, 가족, 혹은 당신의 생각을 검증하고 신선한 견해를 줄 수 있는 코치가 될 수도 있다. 엠마는 경영대학원의 신임 경영자 그룹에 참여했다. 다섯 가지 맹점 프레임워크를 시도한 결과를 비교하고 대안을 토의했다.

3. 간단한 행동을 취한다.

맹점을 제거하기 위한 행동에 집중하라. 몇 가지 간단한 행동을 지속적으로 하는 것이 크게 생각해 완성하지 못하는 계획보다 훨씬 강력하다. 항상 성공할 수 있다고 생각하라. 엠마의 첫 번째 맹점수정계획은 이런 세 단계를 모두 반영했다.

엠마는 계획을 써보고 어떤 행동을 취하고 있는지 인식하는 것만
으로도 더욱 자신감을 느끼기 시작했다.

내면의 비판 잠재우기

엠마는 여전히 자기 내면의 비평가가 자신을 방해하고 있다는 것
을 알았다. 상사에게 도움을 요청한 결과 내가 그녀를 코치하게 되었
다. 나는 엠마가 느끼는 감정 중 많은 부분이 책임이 갑자기 증가하
는 사람에게 일어나는 일반적인 현상이라는 것을 납득시켰다. 혼자
일을 하다가 관리자가 된다는 것은 새로운 기술을 습득해야 함을 의
미하기 때문에 그녀에게 6개월에 걸쳐 꾸준히 노력해야 할 것을 주문
했다.

지나치게 엄격한 엠마 내면의 비판에 대해서는 충분히 이야기했
다. 일생에 걸쳐 엠마는 높은 기준을 고집해왔다. 부모님은 어떤 것
도 너그럽게 봐주지 않았다. 엠마의 이런 환경은 지나치게 자기에게
단호하고 때로는 모든 노력을 마비시켜 버리는 맹점을 만들었다. 내

면의 비판이 어린 시절 성장에는 도움이 되었지만 지금은 방해가 된다는 사실을 깨달았다. 나는 내면의 비평가가 지나치게 활동하기 시작하면 그 도움에 대해 감사하고 '가서 아이스크림이나 먹고 운동장에서 다른 애들하고 놀아라'라고 생각할 것을 주문했다. 그녀는 웃음을 터뜨렸지만 그렇게 비판을 잠재운 듯 했다. 이러한 연습은 오래된 습관의 목소리를 현재 실정에 맞는 새로운 행동으로 바꾸기 위한 멋진 기법 중 하나이다.

엠마에게 직속 보고서가 사람들에게 어떤 영향을 미치는가를 이해시키기 위해, 나는 주변 사람들과 이야기를 나누고 엠마에 대한 일반적인 반응을 요약했다. 데니스의 반응이 나머지 사람들과 유사했는데 다음과 같다.

엠마에 대한 데니스의 생각

엠마는 현명한 여성이고 우수한 사람을 알아보는 안목과 훌륭한 업무 능력을 갖고 있다. 하지만 우리가 하는 일에 대한 모든 것을 비판한다. 우리가 하는 일은 우리가 더 잘 알고 있다! 정말로 도와줘야 할 것은 밖으로 나가 인맥을 쌓고 서비스 제공 부서를 이끄는 선임자의 신뢰를 얻는 일이다. 지금처럼 보고서를 넘기며 사무실에 앉아 있는 것은 전혀 도움이 되지 않는다.
현장 미팅에서 엠마는 이런 점에 대한 우리 의견을 알아듣는 것 같았다. 앞으로 어떻게 될 지 기대된다.

엠마의 보고서는 메시지가 복잡했다. 혹평을 하면서도 고객으로 여기는 사람들과 관계 구축을 위해 손을 뻗는 일은 주저하는 것 같았다. 간혹 회의 방향을 급변경하는 모습은 결정의 불확실성을 보이는 무언의 단서를 보내고 있었다.

엠마는 이런 피드백을 듣고 놀랐다. 혼자만 느낀다고 생각했던 감정이 다른 사람들에게 어떻게 전달되는가를 이해하게 되었다. 이제 그녀는 내면의 비판과 혼잡한 메시지를 처리하기 위한 두 번째 맹점 수정계획을 세울 수 있게 되었다.

엠마의 두 번째 맹점수정계획

1. 내면의 비판을 잠재운다.

- 머릿속의 부정적인 목소리에게 "아이스크림이나 사먹으러 나가라"고 말한다.

2. 짧고 명료하게 전달한다.

- 빈틈없는 의제와 분명한 목표로 짧게 회의한다. 신속하게 끝내고 후속업무를 한다.

3. 무언의 단서를 관찰한다.

- 목소리 톤, 시선, 옷차림 등 권위에 대한 무언의 상징을 체크한다. 망설이는 행동에 주의하며 개인적인 반응에 대해 일기를 쓴다. 직원 대 고객과의 의사소통 차이점에 주목한다.

이 계획은 모든 프로젝트에 관심을 분산시키는 대신 구체적 목표에 집중하게 해주었다. 우선 엠마는 보고하는 사람에게 프로젝트에 대한 몇 가지 권한을 주었다. 그리고 그룹 내에서 권위를 세우는 일과 고객 부서와 관계를 구축하는 일에 집중했다.

맹점파괴의 기술

엠마는 목표 중심으로 회의를 짧게 진행했다. 몸동작을 염두에 두고 목소리나 시선 같은 단서에 유의했다. 누군가에게 과제를 주려고 할 때 망설이는 것 같으면 신속하게 과제를 제시하고 보고서 마감 기한을 정했다. 목소리가 높아지면 다시 부드러운 톤으로 돌리려 애썼다. 몇 주 안에 엠마는 직원들의 이맛살이 풀리는 것을 눈치 챘다. 회의의 균형이 잡히고 안정된 느낌을 받았다.

엠마는 고객사 부서장들과의 회의를 주선하기 시작했다. 회의 준비를 사람들에게 요구하면서 이것이 자신의 우선순위라는 신호를 보냈다. 이런 회의가 직속 보고서를 위해 중요하다는 것도 알았지만 자신과 조직을 위해 고객 회사와 신뢰를 쌓아야 한다고 판단했다.

처음 부서장 회의는 어색했다. 나는 그녀를 안심시키기 위해 수익성 있는 신제품 트렌드를 읽어내는 강점 활용을 제안했다. 신제품 출시에 대한 엠마의 실적은 잘 알려져 있고 고객 측도 그녀의 새로운 생각에 관심을 가졌다. 이런 접근방식은 긍정적인 분위기를 만들고 넓은 주제로 토의할 때 자신감을 더했다.

맹점을 인식하고 처리하기 위한 첫 번째 단계에서 엠마는 넓은 시야를 갖기 시작했다. 이전과 달리 6주 내지 8주마다 맹점수정계획을 점검하며 습관을 재정비했다. 이를 통해 주의가 필요한 맹점에 유념하게 함으로써 민감한 전략을 세우고 진행하게 되었다.

깊은 잠에서 깨어나라!

　15년 간 사람들이 넓고 선명한 시야를 가지도록 도우면서, 대부분의 사람들이 첫 단계만 지나면 맹점을 파괴하는 일이 얼마나 쉬운 일인가를 깨닫고 놀라는 것을 보아왔다. "처음 몇 가지 행동을 바꾸려 했는데 어렵지 않았어요"라는 말을 주로 듣는다. 그러면 나는 "멋지군요. 이제 기술을 익힌 겁니다. 새로운 방식으로 시도할 때 집중하기만 하세요"라고 말한다. 간단한 단계, 반복, 그리고 집중이 선명한 시야를 만들어 낸다. 이는 큰 변화와 복잡한 이해를 요하지 않는다.

　맹점을 파괴하고 선명한 시야를 갖는 느낌은 마치 깊은 잠에서 깨어난 것 같다. 눈을 뜨기 시작할 때 과거와는 다른 방식으로 주위 세계를 보게 될 것이다. 어쩌면 고통이 줄어드는 것을 느낄지도 모른다. 이제 당신이 이 여정에 들어설 차례다.

　첫 장에서 강점 한 가지와 잠재적인 맹점을 상상함으로써 자화상을 그려보라고 했다. 다음 과제를 위해, 그 맹점을 염두에 두고 선명한 시야를 찾을 수 있는 한 가지 방안을 생각해보자. 엠마처럼 이 맹점에 대해 이야기할 사람이 필요할 수도 있다. 그럴 경우, 그 이야기를 나눌 기회는 다음에 갖기로 하고 어떤 견해를 얻을 수 있을지만 생각해 보라.

　이 책을 읽는 동안 다른 관점에서 목표와 행동을 검토할 수 있다. 지속적으로 선명한 시야를 갖기 위해 필요한 기술과 주의사항을 배울 것이다. 정말로 원하는 것을 신중하게 생각하고 꿈꿔왔던 성공을 위해 일과 인생을 변화시킬 준비를 하라!

3

남이 보는 것처럼 볼 수 있을까?

내가 나를 느끼는 것과 다른 사람들이 나를 보는 것이 동일한지 알기는 어렵다. 1장에서 조이는 사람들이 자신을 경영자가 될 호감 가는 최고 연출가로 생각한다고 믿었지만 실은 함께 일하기 어려운 사람으로 생각한다는 것을 알고 충격을 받았다. 2장에서 엠마는 사람들이 자기를 잘못된 우선순위를 가진 깐깐한 사람으로 본다고 생각했기 때문에 자신감 부족에 시달렸다. 우리는 종종 다른 사람이 우리를 어떻게 생각하는지 알지 못하고 다른 사람들은 우리가 스스로에 대해 생각하는 바를 생각하지 못한다.

호텔 프로덕트 매니저인 메리베스는 자신의 맹점이 지나치게 꼼꼼한 것이라고 생각했다. 하지만 직원들과 이야기를 나눌 때는 꼼꼼한 것이 문제라는 말은 듣지 못했다. 직원들은 그녀가 좋은 관리자라고 생각했다. 종종 유연하지 않고 경청하지 않을 때 직원들에게 주는 스트레스만 빼면 말이다.

피트는 상사로부터 다른 사람에게 너무 가혹하다는 피드백을 받았다. 개인적인 이야기를 나누면서 부드럽게 변화하고자 노력한 피트는 자신의 새로운 측면을 보여주는 것이 신이 났다. 하지만 동료들은 피트가 따뜻해지기는 했지만 이야기가 너무 길고 자기중심적이라고 말했다. 피트는 아직 갈 길이 멀다. 맹점을 인지하고 이것을 수정하는 과정은 자기 인식과 다른 사람의 피드백을 필요로 한다. 다음 몇 가지 측면에서 볼 때 이것은 시간이 걸리는 기술이자 과학이다.

- 대부분의 사람들은 자신이 다른 사람에게 어떤 영향을 주는지 평가하는 일에 익숙하지 않다.
- 다른 사람들이 자신에 대해 느끼는 바를 알기란 어렵다.
- 효과적으로 피드백을 요청하는 방법을 알지 못한다.
- 사람들은 부정적인 피드백을 망설인다.
- 진부한 자화상을 가지고 있을 수 있다.

이런 장애물은 맹점을 확인하고 관점을 지속적으로 갱신하기 위해서는 다양한 방법이 필요하다는 것을 말해준다.

자화상

《성공하는 사람들의 7가지 습관*The Seven Habit of Highly of Highly*

맹점파괴의 기술

Effective People》의 저자 스티븐 코비(Steven Covey)는 우리가 세상을 객관적으로 본다고 생각하지만 사실은 개인적인 패러다임, 즉 자신 혹은 다른 사람과의 관계에 대해 학습된 신념 체계의 제약을 받는다고 지적한다. 스스로 외향적이고 매력적이라고 생각하는가? 훌륭한 이야기꾼인가? 사람들은 나를 따뜻한 사람으로 혹은 수줍은 사람으로 보는가? 사람의 감정을 잘 읽어 내는가? 자신에 대한 이런 신념 체계를 '자화상'이라고 부르고자 한다. 이것은 두뇌 계발을 통해 자신에 대한 그림을 그리는 능력이 생기는 사춘기에 최초로 형성된다.

십대가 꿈을 꾸고 음악을 들으며 보내는 시간은 자화상에 대한 최초의 인식을 위해 필요하다. 사춘기 때의 관점을 지속적으로 갱신하지 않으면 변화에 적응해야 하는 세상에서 자신에 대해 뒤떨어지는 감각을 가질 수 있다.

자화상은 자기 인식 및 자신에 대한 정보를 여과하는 지침이 될 수 있다. 1장에 나온 조이의 경우를 보자. 그는 매력 있고 재미있는 십대로서 인기가 많았다. 이것이 자화상이 되어 서른 살이 되어서도 행동에 영향을 미쳤다.

자화상은 주로 무의식에 존재한다. 청소년기의 조이는 사람의 마음을 끌 때 사람들이 좋아한다는 것을 알았기 때문에 그 패턴을 반복했다. 승진을 놓치기 전에는 이런 믿음에 대해 의식적으로 생각해보지 않았다.

상사와 다른 사람의 피드백을 통해 조이는 서른 살의 현실은 사춘기 때보다 복잡한 대인관계 기술을 요구한다는 것을 알아차렸다. 주목을 받고 마음을 끄는 것이 강점이긴 하지만 팀워크를 위해서는 적극적 경청과 언제나 이목의 중심을 차지하려 하지 않는 기술이 필요하다. 이것을 열네 살에 알았어야 하지 않았을까? 그럴지도 모르지만 그 때는 인기에 둘러싸여 거기에 만족하는 삶을 살았다. 변화할 이유가 없었다.

자화상을 어떻게 바꿀 것인가?

열네 살 보다는 서른 살에 더 깊은 대인관계 기술이 필요하다는 것은 상식 아닐까? 하지만 그동안 성공한 많은 사람들을 만나면서 반드시 그렇지만은 않다고 결론 내렸다. 최고 대학출신을 코치해 보았지만 자화상을 변화시킨다는 생각을 의식적으로 해보지 않은 사람이 대부분이다. 성공적인 커리어에 도움이 되지 않는다고 생각한 것이 분명하다.

32세의 헤지펀드 애널리스트인 앤드류가 기억난다. 미국 최고의 경영대학원에서 우수한 성적으로 졸업한 그는 8년 동안 엄청난 실적을 기록했다. 투자전략 개발과 실행에 뛰어난 그는 대인관계 기술에는 거의 신경 쓰지 않았다. 자화상이라는 개념은 생각해 본 적도 없다. 헤지펀드에서 중요한 것은 오로지 투자 실적뿐이라고 생각했다.

하지만 포트폴리오 매니저로 승진한 후 앤드류는 개인적인 갈등을 안고 있는 팀을 맡게 되었다. 트레이더, 애널리스트, 관리자 사이에 분노와 반목이 심해 파트너의 주목을 받을 정도였다. 앤드류는 커리어를 잘 쌓기 위해서 이 문제를 해결해야 했고 그러자면 우선 자화상

⊙ 맹점파괴의 기술

을 봐야겠다는 생각을 했다. 투자 해결사뿐 아니라 갈등 해결사로서 강점을 길러야 했다.

커리어 개발에는 이미지와 직무 이상의 것이 필요하다. 대인관계로 인해 벌어지는 다양한 상황에 대처하고, 변화 환경에 비추어 자기 모습에 대해 안정된 의식을 가지며, 자화상의 역학을 유지하는 능력을 가져야 한다.

보험회사 처브 그룹(Chubb Group) 부사장 트레보 간디는 보이는 이력서 보다 '보이지 않는' 이력서에 대해 말했다. 보통 이력서는 업무 기록인 반면, 눈에 보이지 않는 이력서는 원활한 커뮤니케이션 능력과 협업능력, 직장생활의 충실성을 보여준다. 간디는 보이지 않는 이력서가 직장 생활에서 차이를 만든다는 점을 지적한다. 트레보는 요즘 보이지 않는 이력서를 기록으로 만들고 있다.

《감성지능으로 일하기 *Working with Emotional Intelligence*》에서, 댄 골먼(Dan Goleman)은 500개가 넘는 기관을 조사한 끝에, 신입사원에서부터 최고경영자에 이르기까지 각 분야에 탁월한 능력을 발휘하는 사람들은 감성 지능을 사용한다는 것을 밝혔다. 여기에는 자기인식, 자신감, 절제, 헌신, 정직, 커뮤니케이션, 영향력, 변화에 반응하는 능력이 포함된다. 우수한 실력자가 장기간 두각을 드러내는 것은 변화와 갈등 관리 방법을 알기 때문이다. 이러한 기술은 보이지 않는 이력서를 만들고, 정기적으로 자화상을 업데이트하도록 만드는 노하우의 기본이다.

이미지는 자화상이 아니다

점점 자신에 대한 명확한 이미지를 그리기 어려워지고 있다. 할리우드가 이에 일조하고 있고 영화, 잡지, DVD 등 온갖 매체가 굉장히 많은 영상과 인상, 아이디어를 제공한다. 우리는 이런 공상을 즐기면서 때로는 그 공상을 시도하기도 하며 감정에 호소하는 내용을 받아들인다. 정말 실제인 듯하다. 물론, 공상이란 것은 알지만, 그 공상이 끝나고 현실이 시작되는 지점은 어디일까?

정치적인 이미지 광고가 그 경계선을 흐리고 있는 것은 분명하다. 우리는 보수주의자 혹은 자유주의자, 공화주의자 혹은 민주주의자가 된다는 것에 대해 강한 인상을 받고 있다. 우리는 이런 그림이 지나치게 단순하고 교묘하다는 것을 안다. 그렇지만 이것들은 신념의 상징이다. 잠재적 신념에 대해 신중하게 고찰할 시간이 없을 때, 남아 있던 이미지들이 대체 역할을 한다. 결정을 요구받는 순간 우리는 이러한 이미지를 떠올리며 의견을 생각해낸다. 두뇌는 이미지의 틈새를 메우고, 사실을 고려해본 적이 없을 때라도 입장을 견지하는 것처럼 느끼게 해준다.

이와 상당히 유사한 과정이 자신에 대한 이미지를 생각할 때 나타난다. 우리는 우리가 누구이고 어떻게 행동하는 가에 대해 피상적인 이미지를 가지고 있을 수 있다. 하지만 그 이미지가 일상에서 구체적으로 어떻게 나타나는지에 대해 씨름하기 전에는 믿을 만한 자화상을 가질 수 없다. 우리는 일상의 도전에 대한 자화상을 계속해서 수용해야 한다. 자신에 대해 검증되지 않은 이미지에 만족하는 것은 실패의 지름길이다.

행동을 취해야 할 맹점은 어떤 것일까?

발견하고 처리하기 쉬운 맹점이 있는가 하면 어떤 맹점은 현재 갖고 있는 신념의 범위에서는 생각할 수 없는 행동을 포함한다. 예컨

● 맹점파괴의 기술

대, 1장에서 조이는 지속적으로 판매 실적이 좋았기 때문에 자신의 대인관계 기술이 탁월하다고 생각했다. 상사와 동료들과 어울려 일하지 못한다는 새로운 정보는 자화상의 관점에서 이해하지 못했다.

맹점을 수정하는 일은 다른 사람으로부터 받는 피드백과 스스로 생각하는 모습을 의식적으로 조화시키는 일을 수반한다. 조이는 직무에 필요한 대인관계 기술에 대한 이해를 넓히고 부족한 부분을 인식할 필요가 있었다. 그런 다음 새로운 기술을 개발해 자화상을 수정해야 했다.

2부에서 다른 사람으로부터 피드백을 받는 방법을 알면 당신이 행동하고 있다고 믿는 것과 실제 다른 사람들이 당신 행위를 관찰하는 것 사이의 차이를 파악할 수 있을 것이다. 다음 페이지의 '맹점을 다루는 우선순위 전략'은 맹점을 보는 사람과 보지 못하는 사람에 따라 구분되어 있다. 선명한 시야를 위해 필요한 행동의 우선순위를 정할 때 도움이 될 것이다.

BOX 1: 내 눈에 보인다 + 다른 사람들도 본다

이것은 누군가 당신이 하는 일이 효과적이지 않다고 말할 때 주로 나타나며 가장 공격하기 쉬운 맹점이다. 그 사람이 말하는 바가 무엇인지 이해하고 그 피드백을 존중할 수 있다. 그 소견이 합리적이며 자화상에도 적합하다고 생각한다. 당신의 행동만 수정하면 된다.

시스템 분석가인 샐리는 팀원들이 자신의 권고를 무시하는 것 같다고 생각한다. 한 팀원은 그녀에게 좋은 의견이라고 생각하지만 완전히 이해하기 어렵다고 말했다. 샐리는 이 의견을 수용했다. 자신이

다른 사람들 \ 나	보인다	보이지 않는다
보인다	BOX 1: 공격 개시	BOX 2: 다른 사람들의 정보가 필요함
보이지 않는다	BOX 3: 자화상 업데이트	BOX 4: 불만을 조사할 것

맹점을 다루는 우선순위 전략

동료들에 비해 추상적으로 생각하는 경향이 있다는 것을 이해한 것이다. 다음 회의에서, 그녀는 의견을 뒷받침할 시각 자료를 준비했다. 팀은 열정적으로 호응했다. 샐리는 자신이 추상적으로 생각하기 때문에 구체적으로 생각하는 동료들에게 의견을 설명하기 위해서는 현실적인 시각자료를 사용할 필요가 있다는 점을 인식하며 자화상을 갱신했다.

BOX 2 : 내 눈에는 보이지 않는다 + 다른 사람들은 본다

흔하지만 좀 더 이해할 필요가 있는 맹점이다. 당신에게는 관계를

맹점파괴의 기술

방해하지만 전혀 인지하지 못하고 있는 습관이 있다. 다른 사람들이 이것을 보고 알려주려 하지만 당신은 무시한다. 현재 갖고 있는 자화상에 맞지 않는 맹점이기 때문일 것이다.

이런 맹점에 대한 논의는 혼란스럽기 때문에 다른 사람들이 이에 대해 상의하려 하면 화를 내거나 상처를 받을지도 모른다. 부정적인 감정을 바로 표출하고 사람들은 그 주제를 피해야겠다고 생각한다. 완벽주의를 지향하거나 비판에 예민한 사람들이 특히 이런 맹점에 약하다.

니콜라스가 이런 경우이다. 그는 내향적인 사색가 타입으로, 업무의 양과 전체적인 통일성을 주의 깊게 생각할 수 있는 사무실에 혼자 앉아 계획을 세우는 경향이 있다. 이것이 그가 가진 자화상의 일부이다. 하지만 다른 사람들은 이런 행동을 보고 니콜라스가 몰래 무언가를 하는 신뢰하기 어려운 사람이라고 해석한다.

360도 피드백 질문지를 통해 신뢰도 부문에서 매우 저조한 점수를 받을 때까지 이 맹점은 니콜라스의 눈에 들어오지 않았다. 결과에 큰 충격을 받은 그는 도대체 어떻게 된 일인지 도움을 청했다. 사실 좀 더 일찍 계획 수립 과정에 다른 사람을 포함시켜 그의 생각을 이해하고 일조할 수 있게 했어야 했다. 그는 사람들이 자기를 이해하고 신뢰할 충분한 시간을 주지 않았다. 그렇기에 초기 참여와 업무 통일성의 사이에서 니콜라스는 자화상을 재고해야 했다.

BOX 3 : 내 눈에는 보인다 + 다른 사람들은 보지 못한다

여기서 맹점은 현재 관계가 아니라 때가 지난 자화상에서 발견된다. 다시 말해, 한때 문제가 되었던 것은 더 이상 중요하지 않다. 스스로 충분히 반성했지만 다른 사람들로부터 만족할만한 피드백을 받지 못하는 결과가 생길 수도 있다. 현재 피드백에 비추어 자화상을 재검토하는 것은 이런 맹점을 제거하는 데 도움이 될 수 있다.

직원들이 자신을 꼼꼼한 사람으로 본다고 믿었던 메리베스는 이런 행동이 전혀 문제되지 않는다는 것을 알았다. 자신감을 갉아 먹는 문제를 쓸데없이 붙들고 있었다. 자화상을 갱신하고 스스로 발전을 즐길 필요가 있었다. 오래된 망령은 버려야 한다.

BOX 4 : 내 눈에 보이지 않는다 + 다른 사람들도 보지 못한다

아무도 보지 못하는 맹점이 어떻게 존재할 수 있을까? 그렇지 않다. 아무 이유 없이 관계가 불편해진다면 양측이 보지 못하는 맹점을 처리해야 한다. 만약 누군가를 해고해야 할 정도로 비용을 줄이라는 명령을 받았다고 하자. 하고 싶은 일도 아니며 할 수 있는 한 막으려고 했다. 죄책감도 느끼지만 그렇다고 책임지고 싶지는 않다.

당신은 무의식적으로 상사를 탓하고 있다. 상사도 당신의 분노를 느끼지만 연유를 알지 못한다. 회의를 마칠 때마다 일상까지 불편하다. 관계에 긴장이 쌓이기 시작하지만 둘 다 이해하지 못할 수 있다. 항상 잘 지내왔기 때문에 어떻게든 지나갈 거라고 생각한다.

뚜렷한 이유 없이 누군가의 앞에서 불편함과 분노를 느낄 때는 업무상 맹점이 있을 것이다. 이런 형태의 맹점을 이 책 중간부터 다룰 것이다.

맹점파괴의 기술

의식적인 선택

자화상은 무의식적인가? 업데이트가 필요하지 않은가? 사람들이 실제로 당신을 어떻게 보는지 알고 있는가? 신뢰도를 저하시키는 습관이나 행동이 있는가? 어떻게 하면 다른 사람들과 효과적으로 일할 수 있는지 선택함으로써 목표를 성취하고 원하는 성공을 이루기 바란다.

당신이 실제로 누구인지를 반영하는 의식적인 자화상을 갖는 것이 성공을 최대로 이끌어 낼 수 있다. 이 장 마지막에서 제시하는 간단한 과제를 완성하면 마지막에 자화상을 완성하게 될 것이다. 계속 기록해두기 바란다. 이는 보이지 않는 이력서를 개발할 때도 유용한 정보가 될 것이다. 또한 성공을 저해하던 맹점이 무엇이며, 어떻게 제거할 것인지도 알게 될 것이다.

4장에 앞서 과제를 내려고 한다. 자화상에 대해 잠시 생각해 보자. 대부분 사람들과 마찬가지로 아직 기록해 본 적이 없을지 모르겠다. 하지만 스스로에 대해 느끼는 신념이 성공에 가장 중요한 요소라는 점을 생각하라. 맹점 프로파일(Blind Spots Profile)을 소개할 때까지 잘 생각해 두기 바란다.

4

맹점으로 새롭게 태어나야 한다!

맹점을 찾아 나설 준비가 되었는가? 맹점 프로파일부터 시작해보자. 이 장에 나오는 질문에 답하면서 당신의 핵심 강점과 잠재적 맹점이 숨어 있는 곳을 쉽게 파악할 수 있을 것이다. 누구나 맹점은 있다. 중요한 점은 그것이 당신 목표를 방해하기 전 미리 인지하는 것이다. 교통신호나 경고표시처럼 사고를 사전에 방지하는 것이다.

맹점 프로파일은 핵심 강점과 맹점 토의 시작을 위한 간단한 모델이다. 모델이란 점이 중요하다. 이 프로파일에서 당신이 아니라 당신을 모형화한 모델에 대해 이야기할 것이다. 차이점은 다음과 같다. 당신에 대해 피드백을 한다면 개인적으로 느껴질 수 있다. 하지만 당신의 모델에 대해 이야기한다면 우리 모두 생각하고 공유할 수 있는 모습에 집중할 것이다. 나처럼 당신도 중립적인 관찰자가 된다.

- 자신의 맹점에 대한 이야기라면 불편하게 느껴질 것이다.
- 모델에 집중함으로써 당신에 대한 초점을 객관화한다.
- 모델은 객관적 관점을 제공하므로 배우는 만큼 적용할 수 있다.
- 모델에서 유용한 정보를 얻은 후 맘에 들면 신념에 반영하고, 그렇지 않을 경우 무시하면 된다.

모델의 핵심은 자신을 새로운 방식으로 보는 것이다. 비판하려는 것이 아니다. 나는 무엇이 가능한지 생각하는 편이다. 목표를 성취할 수 있는 열쇠임에도 불구하고 보지 못하고 있는 것이 무엇인지를 말이다.

압박에 대처하는 모델

오늘날 많은 사람들은 지속적인 압박감을 느낀다. 어떤 사람은 "사무실에서 일주일에 50시간씩 일하고 집에까지 일을 가져옵니다. 난 지쳤어요. 하지만 이 정도는 보통이에요. 믿을지 모르겠지만, 80시간씩 일하고 때로 밤을 새는 친구들에 비하면 게으른 편이죠"라고 말한다.

스트레스와 압박을 헤쳐 나가는 효과적인 방법은 긍정적 직감에 있다. 말콤 글래드웰은 효과적인 의사결정이 계획적인 사고와 본능적인 사고 사이에 균형을 만들어 낸다고 했다. 훌륭한 자동차 세일즈맨은 실제 구매를 결정할 고객을 즉석에서 알아볼 수 있을 뿐 아니라

가격 협상을 어느 시점에서 해야 하는지도 알고 있다.

우리는 압박을 받고 시간에 쫓길 때 무엇이 중요한지 알기 위해 본능적인 강점을 사용한다. 그런 다음 세부적인 결정을 위해 신중하게 사고한다. 두뇌의 양쪽이 협력하는 것이다.

많은 작가, 교육자, 심리학자들은 MBTI나 애니어그램 등으로 범주를 분류함으로써 인간의 본능적 강점을 설명하고자 노력해왔다. 인간 역학(Human Dynamics)에 관한 산드라 시갈(Sandra Segal)의 저서는 '전체 시스템'으로서 우리의 차이점에 주목했다.

분석을 위한 시스템을 알리는 것이 내 목표는 아니다. 본능적 강점과 연관된 잠재적 맹점의 패턴을 인지할 수 있는 출발점을 주려는 것이 목표이다. 순간적으로 생각(Quick Think)하고 순간적으로 느끼는지(Quick Feel)를 관찰하면서 이런 패턴이 만들어지는지 이해해보자.

순간적 사고

주위에 정보가 넘칠 때 우리는 본능적으로 일이 어떻게 돌아가는지를 읽을 수 있는 특정 정보에 집중한다. 어떤 사람들은 감정(Feelings First)에, 어떤 사람들은 의견(Ideas First)에, 또 어떤 사람들은 본능(Instincts First)에 집중한다.

감정 우선 Feelings First

감정을 먼저 느끼는 사람들은 다른 사람의 감정을 즉각적으로 살

맹점파괴의 기술

편다. 긍정적인 혹은 부정적인 정서적 반응을 인지하며 움직임을 신속하게 파악한다. 감정을 우선적으로 느끼는 사람들이 감성적일 필요는 없다. 그저 다른 사람의 감정적 반응을 쉽게 읽는 것뿐이다. 그들은 보통 정서적 정보를 결정에 적극 반영한다.

예를 들어, 감정을 우선적으로 포착하는 광고회사 임원이 일련의 광고물을 보고 목표 고객이 가질 수 있는 정서적 반응을 인지했다고 하자. 다섯 가지 광고물 중 고객에게 '적합하다'고 생각한 것을 지목했다. 조사 결과에 의하면 실제 이것이 최선의 선택이었다. 감정을 우선시하는 사고에 따라 이 여성은 선호하는 정서적 반응의 인상을 전달한 것이다.

의견 우선 Ideas First

의견을 먼저 생각하는 사람들은 인간관계를 관찰하고, 바라는 바와 목표 사이의 긴장감을 인지하며 목표 달성에 필요한 경계선을 본다. 일을 위해 필요한 규칙이나 구조를 즉각 파악한다. 목표성취를 위한 시스템이 분명하게 정의되지 않았을 때 이를 눈치 채고 조직의 원칙을 알아낸다.

예를 들어 의견 우선인 사람이 누군가 이사회에 들어오는 것을 부정적으로 보았다고 하자. 그 사람은 이사회가 앞으로 겪게 될 문제에 관해 갈등을 일으킬 가능성이 있었다. 이사회의 다른 구성원들은 현재 이사회 진입을 받아들이고 잠재적 갈등은 나중에 걱정하는 것이 더 편하다고 생각한다. 그러나 의견을 먼저 생각하는 사람은 이런 문제를 미리 내다 본다.

본능을 우선적으로 생각하는 사람은 감각적 정보 중심으로 환경을 살핀다. 구두상 단서와 무언의 단서에 나타나는 작은 세부사항을 관찰하고 사람들 존재에도 집중한다. 어디에 앉고 어떻게 이야기하고 무엇을 말하고 무엇을 말하지 않는지, 옷차림과 몸동작, 일어날 일에 대한 준비성 등에 대해 생각한다. 이런 관찰을 통해 누군가의 행동에 나타나는 다른 점과 그 이유를 판단한다. 감정을 먼저 생각하는 쪽이 사람들의 감정과 본능을 연계시키는 반면, 본능을 먼저 생각하는 쪽은 언제든지 움직일 수 있는 본능에 정보를 우선 연계시킨다.

예를 들어, 본능을 우선적으로 생각하는 어떤 사람이 투자회의에 들어가 작은 세부사항을 관찰한 것에 대해 이렇게 이야기 할 수 있다. "늘 커피를 마시던 사람이 이 날은 커피를 마시지 않았다." 특그리고 어떤 사안에 대한 개방적인 태도를 찾기 위해 그를 관찰하면서 뭔가 숨기고 있다고 생각했다. 결국 이 사람이 하지 않던 행동 패턴을 인지하게 되었고 맡은 책임을 다하지 않았다는 것을 발견했다. 본능을 우선적으로 생각하는 사람은 어떤 사실을 모르는 상황에서도 누가 무엇을 잘하고 잘못했는지를 알아내는 신비한 감각이 있다.

순간적인 느낌

순간적인 느낌(Quick Feeling)이란 획득한 본능적 정보를 어떻게 처리하는가를 말한다. 어떤 사람들은 다른 사람들에게 이야기하면서

● 맹점파괴의 기술

정보를 더 잘 이해하게 된다. 어떤 사람들은 토론하기를 좋아하고 다른 부류는 스스로 처리하는 편을 선호한다.

분출형 Extroverted

감정을 외향적으로 처리하는 사람은 다른 사람에게 생각을 나타내고 이목이 자신에게 집중될 때 편안해진다. 이들은 크게 소리 내어 말함으로써 정보를 처리하고 본능적 사고를 통해 배운 것을 반복한다. 사람에게 있어 소리 내어 이야기하는 것은 이미 알고 있는 것에 새로운 정보를 통합할 때 도움이 된다. 주변사람들은 이들이 '누군가와 이야기' 한다기보다는 '누군가에게' 이야기 한다고 생각한다.

내향형 Introspective

감정을 내향적으로 처리하는 사람은 본능적인 사고를 스스로 흡수하여 처리하고 그 의미에 대한 내적 감각을 얻는다. 지속적인 내면의 대화를 통해 다른 사람과 공유하거나 혹은 공유하지 않는데 사람들은 '말이 없다'라고 생각한다. 이런 이유로 이들의 행동은 다른 사람을 놀라게 하기도 한다. 새로운 정보의 의미를 개인적으로 집중적으로 분출하는 경향이 있다.

대인형對人, Interpersonal

대인형의 사람들은 외향적이거나 내향적인 스타일 사이에서 활동하는 경향을 보인다. 다른 사람들은 종종 이들이 사람들과 대화하고 있는 것을 발견한다. 본능적인 사고를 대인형으로 처리하는 사람들

은 생각을 처리하기 위해 대화 형식으로 다른 사람들을 참여시키고
자 한다. 이 정보들이 의미를 얻게 되는 것도 이런 상호작용을 통해
서이기 때문이다.

맹점 프로파일 모델 분석

순간적인 사고 경향

순간적인 감정 경향	감정을 우선 읽음	의견을 우선 읽음	본능을 우선 읽음
외향형	낙천적인 연출가	원기 왕성하게 새로운 방향을 시도하는 모험가	단호한 실행자
대인형	따뜻한 관계 건축가	의문 제기형 충신	책임감 있는 품질 관리자
내향형	민감하고 명민한 창조자	내성적이고 분석적인 전략가	공감하고 갈등을 피하는 외교가

맹점 프로파일 매트릭스

맹점파괴의 기술

이처럼 본능적으로 생각하고(gut-thinking) 느끼는(gut-feeling) 방식 중 어느 것을 사용하고 있는지 잠깐 생각해보자. 맹점 프로파일 매트릭스를 보면 두 가지 차원에서 선택한 것이 만나는 상자가 있다. 확실한 판단이 서지 않을 경우 신속하게 반응하는 스타일이 두 세 상자에 걸쳐질 수도 있다.

이렇게 정리된 아홉 가지 맹점 프로파일 모델은 독특한 강점과 그 강점이 과용될 때 나타나는 잠재적 맹점을 설명하고 있다. 강점을 존중하고 계획적 사고로 균형 있게 사용하면 건설적인 목적을 위해 개인적 강점을 효과적으로 사용할 수 있다. 스트레스를 지나치게 받고 감정적으로 괴로울 때는 본능적 강점이 역효과를 내는 맹점이 생긴다.

다음은 각 모델의 본능적 강점과 잠재적 맹점을 요약한 것이다. 책 전체에서 이 내용을 언급하면서 다양한 상황에서 많은 사람들의 강점과 맹점을 논의할 것이다.

맹점 프로파일

9가지 모델의 최대 강점과 잠재적인 맹점

낙천적인 시각 중심의 연출가(262쪽)

- 최대 강점 : 에너지 넘치는 멀티태스커(multitasker)로 다른 사람들에게 가치 있는 프로젝트를 많이 만들어 낸다.

- 잠재 맹점 : 지속적인 멀티태스킹은 혼란과 주저함을 가져올 수 있다. 주변의 압박을 느끼면 순식간에 열정이 식어버려 포기한다.

원기 왕성하게 새로운 방향을 시도하는 모험가(263쪽)

- 최대 강점 : 지속적으로 새로운 아이디어를 주도한다. 열정이 에너지와 흥분을 일으킨다.
- 잠재 맹점 : 과도하게 의욕적인 아이디어로 인해 실패에 늘 노출되어 있다.

단호한 실행자(264쪽)

- 최대 강점 : 큰일을 성공적으로 해낸다.
- 잠재 맹점 : 지나치게 대립하거나 과시한다. 존중받지 못하면 적의를 드러낼 수 있다.

따뜻한 관계 건축가(265쪽)

- 최고 강점 : 사람들의 강점과 필요를 본능적으로 이해한다.
- 잠재 맹점 : 감정을 적절하게 주고받지 못하면 개인적인 약점을 지나치게 확대 해석한다. 교묘하게 부정적인 감정을 피하려고 할 수 있다.

실용적인 의문 제기형 충신(266쪽)

- 최고 강점 : 사람들과 의견에 대한 의존가능성과 신뢰가능성을 검증하기 위해 지력을 사용한다.
- 잠재 맹점 : 사람이나 조직의 신뢰가능성 검증에 너무 노력한 나머지 자신감을 잃고 결정을 미룰 수 있다. 분석마비가 일어난다

책임감 있는 품질 관리자(267쪽)

- 최대 강점 : 옳은 일을 하기 위한 본능적인 자기 규율과 기준
- 잠재 맹점 : 목표 추구에 대해 너무 진지하고 과도한 책임을 느낄 수 있다. 지나치게 집중하면 쉽게 분노하거나 유연하지 못한 모습을 보인다.

민감하고 명민한 창조자(268쪽)

- 최대 강점 : 다른 사람들을 돕고 조직의 정서적 필요와 상태를 이해하기 위한 독특하고 창의적인 방법을 찾기 위해 노력한다.

맹점파괴의 기술

> ・잠재 맹점 : 마니아적 기질로 인해 사회적 기대를 무시할 수 있다. 과로로 병
> 이 날 수 있다.
>
> **내성적이고 분석적인 전략가(269쪽)**
> ・최대 강점 : 숲과 나무를 함께 보는 통찰력 있는 조직 운영 능력
> ・잠재 맹점 : 너무 앞서가면 오히려 목표에 냉담하거나 초연해질 수 있다. 성과
> 에 대한 압박을 받을 경우 독재적인 면을 드러낼 수 있다.
>
> **공감하고 갈등을 피하는 외교가(270쪽)**
> ・최대 강점 : 다른 사람의 입장에 서 그들의 필요를 이해하기 위해 노력한다.
> 집단을 하나로 만드는 탁월한 촉진제를 만든다.
> ・잠재 맹점 : 다른 사람들의 필요에 빠져 자기 필요를 잊는다. 부정적인 피드백
> 을 회피한다.

대부분 사람들은 보통 이 중 두 세 가지 모델이 동시에 나타난다. 사춘기로 돌아가 어떤 모델이 당시를 가장 잘 설명해 주는지 생각해 보라. 그것이 자연스런 본능적 강점에 가장 가까울 것이다. 다른 본능적 강점들은 살아가면서 특정 상황에 직면하기 위해 개발되었을 것이다. 어떤 모델이 적합한지 모르겠다면 부록에 나와 있는 추가 설명을 보기 바란다.

4장을 마치기 전 당신에게 가장 적합한 모델 한두 가지에 주목하기 바란다. 당신의 본능적 강점과 잠재적 맹점을 기록하고, 이 책에 나오는 다른 사람의 이야기를 통해 반추해보기 바란다. 자화상을 그릴 때도 기록하기 바란다.

5장은 다른 사람들이 당신의 강점과 잠재적 맹점을 어떻게 보는지

이해하는 데 도움이 될 것이다. 당신의 맹점 프로파일과 5장에서 배운 것을 비교하면 어떤 맹점에 주목해야 할지 알게 될 것이다.

5

사람들은 나를 어떻게 보고 있을까?

4장에서 당신의 본능적 강점과 맹점을 파악했다면 다른 사람들이 당신의 강점과 맹점을 어떻게 보는지에 대한 정보를 얻을 차례이다. 다른 사람에게 자신의 맹점에 대해 이야기하는 것은 하고 싶지 않은 일이다. 주저 없이 수백만 달러를 투자하는 사장들도 자신의 맹점에 대해 물어볼 때는 주춤한다. 맹점에 대해 이야기하는 것이 어려운 이유에는 여러 가지가 있다.

- 대부분 부정적인 피드백을 받는 것을 피하려 한다.
- 자신의 기분을 상하게 하고 싶어하지 않는다.
- 부정적인 소식을 전할 때, '비난 받게 될 것'을 두려워한다.
- 나쁜 소식을 줄 때 나쁜 소식을 되돌려 받을 까봐 두려워한다.
- 성취도 높은 사람들은 칭송이나 아첨을 선호한다.

이런 장애물을 극복하기 위해서는 자신에게 맞는 접근 방법을 개발해야 한다. 이 같은 정보요청이 당신에게는 일상이라는 것을 사람들에게 인식시켜야 한다. 다섯 가지 접근법 중 자연스러워 보이는 절차를 선택하기 바란다. 처음 두 방법은 정기적인 대화 가운데 추진할 수 있다.

접근법#1. 균형 잡힌 피드백 얻기

첫 번째 방법은 훌륭한 커뮤니케이션이다. 균형 잡힌 피드백을 정기적으로 얻는 습관을 만들어 건설적인 피드백을 요청하는 것은 별로 어려운 일이 아니다. 예를 들어, 프로젝트나 프레젠테이션을 마쳤을 때 팀원, 상사, 동료들에게 이렇게 말하는 것이다. "마치기 전 균형 잡힌 피드백을 얻고 싶습니다. 이 프로젝트에서 어떤 점이 잘 되었는지, 다시 한다면 어떤 점을 바꾸고 싶으신지 말씀해 주시겠습니까?"

어떤 일을 하던지 마지막으로 이런 종류의 질문하는 것을 습관화하라. 사람들은 이것을 당신 특유의 스타일로 보고 좋든 나쁘든 진심으로 할 말을 해 줄 것이다. 예를 들어, 장황하고 말이 많아지는 경향이 있으면, "프레젠테이션 길이가 어땠나요? ○○에 대해 너무 많이 말했습니까? 다시 한다면 어떤 부분을 줄여야 한다고 생각하십니까?"

이런 대화는 상식을 통하게 한다. 사람들은 당신이 그들의 생각에 수용적이라는 증거로 받아들일 것이다. 처음에는 부정적인 반응을

맹점파괴의 기술

나누기 주저할지 모르지만 결국 진심으로 듣고자 한다는 것을 믿을 것이다. 그들 역시 다양한 관점에서 사물을 평가하는 것을 정상적으로 느끼게 될 것이다. 이런 질문을 정기적으로 사용하고 그들의 반응을 환영하면 그들은 더욱 솔직해질 것이다.

함께 일했던 리더 중 균형 잡힌 피드백 얻기를 일상으로 삼는 사람이 있다. 강점을 더 발전시키고 유지하기 위해 우선순위로 삼아야 할 것을 제대로 하고 있는지 알 필요가 있기 때문이다. 긍정적인 혹은 부정적인 피드백 모두를 환영하는 것은 자신감의 표현이다. 또한 누군가 말해야 하는 것을 존중한다는 표시기도 하다. 동의하지 않을지 모르지만, 성공을 가로막을 수 있는 맹점이라면 주의하고 싶어질 것이다.

조이는 첫 단계를 어떻게 시작했을까

균형 잡힌 피드백을 얻는 것은 유익하다. 하지만 이런 대화를 어떻게 시작할 것인가? 4장에서 선택한 맹점 프로파일로 돌아가서 그 정보를 대화의 중심으로 사용하자. 예를 들어, 1장에서 최고 실적을 자랑했지만 세일즈 매니저가 되는 승진 기회를 놓쳤던 조이를 떠올려보자. 4장의 맹점 프로파일을 완성하고 조이는 자기 모형을 다음 페이지의 상자에 정리했다.

이런 강점과 맹점이 다른 사람들에게 어떻게 보였을까? 넘치는 에너지를 세일즈에 사용하던 조이는 자신의 성과만이 경영진에게 사랑받을 것이라고 가정하고 상사와 동료와의 관계를 무시했다. 스트레스 속에서 조이는 혼란스러워했고, 세일즈 미팅을 놓쳤으며 판매 보고서도 늦게 제출했다. 고객들의 이야기를 들어 보면 조이는 매력적인 사람이었지만 세일즈 미팅에서는 상사나 동료들과 소원했다. 자기 분야에서 성공했지만 함께 일하기 어려운 사람으로 인식되고 있었다.

이를 전혀 몰랐던 조이가 어떻게 이런 정보를 얻을 수 있었을까? 맹점 프로파일에서 자신의 잠재적인 맹점을 알게 된 조이는 헥터에게 말했다. "스트레스를 받으면 우선순위에 혼란이 옵니다. 중요한 것 중 제가 빠뜨린 것이 있는지 궁금합니다." 헥터는 그 동안 놓친 보고서와 회의를 지적했다. 자신의 잠재적인 맹점을 알고 있는 조이는 무언가 조치를 취했다.

승진을 놓친 후 조이는 어떻게 하면 팀을 지원할 수 있을지에 대한 피드백을 정기적으로 묻기 시작했다. 예를 들면, 리뷰 회의에서 상사와 2분간 대화를 했다. "지난번 세일즈 미팅에서 제가 기여한 바에 대해 피드백을 얻고 싶은데 도와주시겠습니까? 조슈아나 에미에게 좀더 주의를 기울여야 했던 부분이 있습니까? 제때 정확한 보고서를

맹점파괴의 기술

통해 행정 업무를 제대로 해내고 있나요?"

중요한 것은 조이가 자신과 헥터를 위해 별도의 시간을 마련했다는 것이다. 이 단계를 취하는 것만으로도 조이는 선명한 시야를 얻고 있다. 무질서하고 소원했던 행동을 중지하고 정기적으로 균형 잡힌 피드백을 받으며 맹점을 체크할 수 있었다. 조이는 이런 일상이 쉽고 시간을 절약하게 해준다고 생각한다. 왜 좀더 일찍 그렇게 못했는지 의아할 따름이다.

맹점 프로파일의 다른 영역에 있는 사람들은 어떤 방식으로 피드백을 얻는지 살펴보자. 첫 번째 접근법을 마무리하기 전 한 가지 사례만 더 보자. 자기 모형이 내성적이고 분석적인 전략가형인 사프론의 강점과 맹점은 다음과 같이 요약된다.

사프론 | 내성적이고 분석적인 전략가

- 최대 강점 숲과 나무를 함께 보는 통찰력 있는 조직 운영 능력
- 잠재 맹점 너무 앞서가면 냉담하고 초연해질 수 있다. 압박받을 경우 정신을 집중하지 못하고 독재적인 면을 드러낼 수 있다.

본능적인 강점을 외향적으로 느끼는 조이와 달리 사프론은 내향적이다. 새로운 프로젝트를 맡으면 언제나 자기 사무실로 사라진다. 이런 시간에 집중적인 컨셉과 전략을 개발한다. 하지만 직원들은 업무에 필요한 중요한 정보를 주지 않는다고 느꼈다.

맹점 프로파일을 통해 그녀의 잠재적 맹점이 다른 사람들과의 관계가 소원한 것임을 알았다. 그녀는 정기적으로 균형 잡힌 피드백을 얻기 위해 노력했다. 주기적으로 직원들에게 자신이 충분한 커뮤니케이션과 지원을 제공하고 있는지 물었다. 다른 팀의 동료에게도 비슷한 질문을 건네며 공동 목표에 대해 논의할 충분한 시간을 주었는지 물었다. 그녀는 전략적 방향 개발을 위해 혼자 보내는 시간이 유용하다는 점은 확실히 해두었다. 하지만 그들이 제공하는 정보의 중요성도 강조했다. 사프론은 매우 내성적인 사람으로 알려져 있었기 때문에 사람들은 그녀가 구축하려는 인간적인 노력을 높이 평가했다. 이제 사프론은 시야확보를 위해 정기적으로 균형 잡힌 피드백 전략을 구사한다.

이 첫 번째 접근방식은 맹점이 어디에서 드러날지 알고, 이를 처리하기 위해 시야확보를 할 때 잘 들어맞는다.

접근법 #2.비공식적인 일대일 상의

1장에서 소개된 다섯 가지 맹점 프레임워크를 기억할 것이다. 이것은 다른 사람과 상의할 때 맹점을 파악하는 데도 유용하다. 조이가 프레임워크를 거쳐 생각한 과정을 복습하고자 한다면 1장으로 돌아가기 바란다. 다시 한번 이 프레임워크를 떠올려보자.

맹점파괴의 기술

도움을 주는 동료나 이전에 함께 일했던 상사와 일대일 토의를 통해 공통된 맹점을 발견할 수 있다. 이 방식을 시도하고자 한다면 첫째, 토의 형식에 나와 있는 질문을 따라 스스로 대답해 볼 것을 권한다. 과거 경험에 비추어 볼 때 현재 상황에서 숨겨진 본능적인 강점과 맹점이 어떤 것일까?

둘째, 오랜 친구, 동료, 혹은 전에 일했던 상사 중 같이 이야기하기 편안한 사람을 골라보자. 함께 이런 질문에 대해 이야기하고 당신의 강점과 맹점에 대한 피드백을 요청하라.

마지막으로, 당신의 강점과 맹점에 대해 동의하는 부분 혹은 동의하지 않는 부분을 기록해보라. 이 정보에 대해서는 다른 사람과 이야기 하고 싶지 않을지도 모른다.

다음 장에 나오는 토의 지침은 다른 사람에게 질문할 거리를 제공해준다. 그대로 사용하거나 관련된 질문을 할 때 적용할 수 있다.

맹점파괴의 기술

1. 제 최대 강점이 무엇이라고 보십니까?

2. 인간관계에서 제 최대 강점은 무엇이라고 보십니까?

3. 스트레스 관리 차원에서 다른 사람에게 더욱 스트레스를 주는 부분이 있습니까?

4. 처음 만났을 때, 어떤 인상을 받으셨습니까?

5. 어떤 사람들은 정보를 신속하게 읽습니다. 제가 정보를 획득하는 것에 대해 어떻게 보십니까? (예컨대, 본능적인 반응, 직관적인 느낌, 순간적인 개요 파악) 제가 무언(nonverbal)의 정보를 놓치는 것에 대해 목격하신 바가 있습니까?

6. 다른 사람들과의 커뮤니케이션입니다.
   • 저는 접근할 만한 사람입니까?
   • 다른 사람들과 어떻게 관계를 맺습니까?
   • 의견 차이를 어떻게 처리합니까?
   • 다른 사람의 기여를 충분히 인지합니까?
   • 사회적으로 정치적으로 지각 있다고 보십니까?

7. 대인 관계에 영향을 미칠 수 있는 것 중 보지 못하는 맹점이 있습니까?

앨런은 어떻게 신선한 시각을 얻었을까?

앨런이 대인관계 상 문제되는 맹점을 파악하기 위해 토의 지침을 어떻게 사용했는지 사례를 살펴보자. 신제품 개발 매니저 앨런을 만났을 때, 나는 이런 토의 방법 시도를 제안했다. 그는 업무에 좌절을 느꼈고 다른 사람들이 자기를 어떻게 보는지 알고 싶었다

앨런은 4년 간 세 군데 회사에서 세 가지 직무를 거쳤다. 새로운 직

맹점파괴의 기술

장으로 옮기면서 그가 호감을 주는 인터뷰를 했다는 것을 알고 있었
지만 그 자리에 만족하고 버틸 수 있을 것 같지 않았다. 이런 행동에
맹점이 있을지 모른다고 생각했다. 새로운 의견을 제안하는 기회를
좋아했지만 세부적인 보고 과정은 성가시고 지루했다.

다른 사람에게 이야기하기 전 맹점 프로파일을 작성해보기로 했고
다음과 같은 결과를 얻었다.

앨런 | 원기 왕성하게 새로운 방향을 시도하는 모험가

- 최대 강점 지속적으로 새로운 아이디어를 주도한다. 열정이 에
  너지와 흥분을 일으킨다.
- 잠재 맹점 과도하게 의욕적인 아이디어로 인해 실패에 늘 노출
  되어 있다.

앨런은 그 결과에 일리가 있다고 생각했다. 잠재 맹점 중 하나가
비난을 전가하는 것과 관련되어 있다는 점이 놀라웠다. 그는 시야가
확 트인 것을 느꼈다. 나는 앨런이 가까운 지인들의 피드백을 얻으면
이런 접근 방식이 좀더 편안하게 느낄 것이라 생각했다.

앨런은 자신을 아는 사람을 선택해 일대일로 점심을 했다. 그리고
상대방에게 자기 강점과 잠재적인 맹점을 볼 수 있도록 도움을 요청
했다. 앨런은 편안한 장소에서 점심 식사를 같이 하면서 피드백에 대
한 긴장감을 줄일 수 있었다. 또한 사람들에게 자기 열정을 보여줄
수 있다는 것을 발견했다. 매우 흥미로운 경험이었다.

그는 토의 지침대로 질문했고 다양한 사람들으로부터 비슷한 답을 얻었다. 그는 새로운 아이디어 개발을 향한 자극을 만드는 데 재능이 있었다. 하지만 다른 사람들에게 책임을 맡기고 방향을 바꾸면서 스트레스를 유발했다. 세부 실행 사항에 대해 지속적으로 말하는 것이 성가시면 보고하는 사람을 뚜렷한 이유 없이 공격했다. 일이 잘못되면 언제든 실패를 다른 사람의 잘못으로 돌리며 비난할 준비가 되어 있었다. 그는 에너지와 모험을 강조했지만 함께 일하는 사람들의 부정적인 반응은 간과했다. 사람들은 천천히 그와 멀어지고 떨어져 나갔다.

다른 사람들로부터 얻은 정보가 맹점 프로파일 결과를 얼마나 입증해 주는지 주목해보자. 앨런 역시 이런 연결을 인식했다.

앨런은 다른 사람을 비난할 것이 아니라 수행할 만한 구조를 제공하지 않고 너무 많은 방향을 주도한 자신에게 잘못이 있다는 것을 깨달았다. 2년 미만의 업무 패턴이 자기 맹점을 처리할 능력을 갖지 못하게 만들었다는 것을 알았다. 앨런은 다른 사람의 보고를 존중하는 방식으로 아이디어를 지탱할 방법을 찾아야 한다. 직위를 유지하기 위해 아이디어를 고안할 뿐 아니라 실행할 방법도 찾아야 한다.

접근법 #3. 맹점 360 피드백 툴 사용하기

다른 사람과 자신의 맹점에 대해 이야기한다는 것이 여전히 낯설어 보이지만 '맹점 360(Blind Spots 360)'이 도움이 될 것이다. 그리고

맹점파괴의 기술

기본적인 피드백만 원하는 사람들에게도 유용하다. 다섯 가지 맹점 프레임워크를 중심으로 조직된 맹점 360 보고서의 주제에 관한 견본 이 아래 차트에 나타나 있다.

맹점 360 보고서

1. 최대 강점 : 당신의 강점을 지속적으로 인지하고 있습니까?
   - 다른 사람들은 당신의 강점을 무엇이라고 봅니까?

2. 오래된 습관 : 오래된 패턴이 보입니까?
   - 목표를 방해하는 오래된 습관이 있습니까?

3. 스트레스 표출 : 스트레스를 받은 당신의 행동을 어떻게 봅니까?
   - 차분합니까, 어수선합니까? 태연합니까? 두려워합니까?
   - 회복력이 있습니까?
   - 짜증내고 비판적이거나, 우유부단하고 미루지 않습니까?
   - 지나치게 남의 말을 잘 듣거나 내성적이지 않습니까?
   - 시간을 효과적으로 관리합니까?

4. 고장 난 레이더 : 다른 사람들의 속내를 읽습니까? 어떤 힌트를 사용합니까?
   - 말없이 다른 사람들에게 어떤 메시지를 전달하고 있습니까?
   - 무언의 정보를 얼마나 효과적으로 읽습니까?

5. 단절 : 효과적으로 의사소통 합니까?
   - 접근할 수 있는 사람입니까?
   - 다른 사람들과 어떻게 관계를 맺습니까?
   - 의견 차이를 어떻게 조율합니까?
   - 다른 사람들의 기여를 충분히 인식합니까?
   - 사회적, 정치적 지각이 있습니까?

나는 맹점 360이 뮤추얼펀드사 사장인 베리에게 도움이 될 수 있다고 생각했다. 35세인 베리는 10년 이상 관리자로 성장했지만 더 이상 발전하지 못한다고 느끼고 있었다. 새로운 개인적 성장 목표를 위해서는 신선한 피드백이 필요했다. 그는 먼저 맹점 프로파일을 완성해보기로 했다. 베리의 본능적인 강점과 잠재적인 맹점을 요약하면 다음과 같다.

베리 | 책임감 있는 품질 관리자

- 최대 강점 옳은 일을 하기 위한 본능적인 자기 규율과 기준
- 잠재 맹점 목표 추구에 대해 너무 진지하고 과도한 책임을 느낄 수 있다. 지나치게 집중하면 쉽게 분노하거나 유연하지 못한 모습을 보인다.

베리는 맹점 360을 사용하여 다른 사람들이 자신의 맹점을 어떻게 보는지도 알고 싶었다. 그는 상관과 직속 보고서를 제출하는 여섯 사람, 긴밀히 협력하고 있는 다른 사업체의 세 사람까지 총 열 사람에게 맹점 360 보고서를 보냈다. 단 두 곳에서만 회신이 왔지만 그가 다른 사람에 비해 스스로에게 가혹했다는 것을 보여주었다. 응답자는 그를 좋은 관리자로 보았다. 종종 부정적인 관점을 드러내 사기를 떨어뜨리는 맹점만 빼면 훌륭한 커뮤니케이터였다. 그는 항상 잘못된 것을 파악하며, '물이 반 밖에 남지 않은' 측면만 보았다. 압력을 받을 때는 더욱 비판적이고, 짜증스럽고, 염려했다. 사람들은 그가 부정적인 반응을 할 것이 아니라 가치 있게 여기는 것을 말해주기 바랬다.

맹점파괴의 기술

응답자들은 이런 부정적 감정이 베리의 전략 계획 수용력을 한정시켰다고 느꼈다. 그는 종종 다른 사람들이 경쟁적인 잠재력을 가졌다고 생각할 수 있었던 가능성을 거부했다. 그의 진지함과 융통성 없는 면모는 주위 사람들의 동기를 약화시켰다.

베리는 신선한 견해를 얻는 것이 기뻤지만 맹점으로 인해 나에게 도움을 요청했다.

접근법 #4에서 보겠지만, 코치는 특정 상황에서 피드백을 얻을 수 있는 또 다른 유리한 자리이다.

접근법 #4. 대신 질문해 줄 사람을 찾을 것

피드백을 필요로 하지만 객관성 유지가 어려울 경우 피드백을 줄 코치를 활용할 수 있다. 신규 직무로 이동하는 관리자나 외부에서 영입되는 전문가를 위해 기업이 자주 사용하는 방법이다. 기업은 이런 자원에 대가를 지불하고 3개월 내지 6개월에 걸쳐 인재를 도와줄 코치를 고용하는 일을 가치 있게 생각한다.

우주항공 기술자 글로리아는 얼음 같은 사람이었다. 그녀는 지시할 때 너무 공격적이었다. 사람들은 보복이 두려워 그녀에게 직접 말하기를 꺼려했다. 글로리아의 상사는 이 점을 그녀에게 전달했다. 글로리아는 그런 피드백에 놀랐고 좀더 알고 싶었다. 그녀는 맹점 프로파일을 검토하고 나서 자신의 맹점이 지나치게 통제하고 맞서는 것이라고 확신했다. 프로파일 결과를 요약하면 다음과 같다.

글로리아는 자신에 대한 사람들의 인식을 구체적으로 알고 싶었
다. 사람들은 그녀와 이야기하기를 두려워했기 때문에 직접적인 토
의 방식은 제외시켰다.

그녀는 맹점 360 피드백을 시도했고 좀더 정보를 얻기 위해 나를
코치로 고용했다. 맹점 360을 통해 글로리아가 선택한 여섯 사람에
게 30분간 질문을 할 수 있었다. 나는 맹점 360에서 지적하고 있는
행동 사례에 대해 물어 보았다. 축적된 피드백을 통해 나는 글로리아
가 시야확보플랜을 수립하도록 도왔다.

다른 사람들로부터 피드백을 얻는 마지막 방법은 앞선 네 가지 방
식의 요소를 집단 토의에 사용하는 것이다.

접근법 #5. 집단 토의를 시도할 것

맹점 프로파일을 이해하는 데 익숙하고 맹점 360을 완성한 사람들
에게 집단 토의는 더욱 많은 피드백을 얻는 유용한 방법이 될 수 있
다. 이런 토의에는 집단 전원이 포함되는데, 비슷한 자기 모형을 가

    맹점파괴의 기술

진 사람들끼리 모일 수도 있고 그저 자기 맹점에 대해 더 알고자 하는 사람들이 모일 수도 있다. 커리어 개발의 필요성에 관심을 갖는 사람들에게는 탁월한 접근법이다.

조시는 같은 경영대학원 저녁 수업에서 메리와 케이코를 만났다. 조직개발 수업에서 그들은 맹점 프로파일과 맹점 360을 완성시켰다. 조시는 부정적인 피드백을 주고받는 일에 어려움이 있다는 결과가 나왔다. 메리와 케이코와 이야기하는 중 그는 세 사람 모두 자신보다 훨씬 덜 내향적인 혹은 외향적인 상관들과 일한다는 사실을 발견했다. 메리와 케이코는 그들 역시 부정적인 비판을 주고받는 일에 민감했다는 것을 알아챘다. 이 세 사람은 부정적인 비판을 쉽게 마음에 새기는 사람들이었다.

그들은 어려운 사람을 대하는 방법을 공유하는 것이 좋겠다고 생각했다. 자기들의 공감대 속에서 해결방법을 발견한 것이다. 그들은 스트레스를 줄이고 시간을 잘 관리하기 위해 다른 사람들에게 맞서는 일을 조금 더 편안하게 느끼는 방법을 공유하기 시작했다. 서로 다른 회사에서 왔다는 사실 때문에 풍문에 대한 염려 없이 개인적인 사건을 털어 놓기 편했다. 이 집단 토의는 맹점을 찾는 것에서 시야 확보를 위한 실행방안으로 옮겨갔다.

6장으로 넘어가기 전 간단한 숙제가 있다. 당신의 맹점에 대해 어떻게 생각하는지 다른 사람과 이야기를 나누어 보라. 친구와 함께 맹점 프로파일 결과를 상의한 자료를 가져올 수도 있다. 중요한 부분은 그들의 견해를 듣고 그런 논의에 편안해 지는 것이다. 이렇게 얻은 정보를 자화상에 포함시켜라

이제 당신의 맹점이 어디에 있는지 어느 정도 알았다면 맹점 파악을 위한 5가지 원칙을 이해할 준비가 되었다. 이 다섯 가지 원칙은 맹점을 강점으로 바꿀 수 있는 방법에 대한 관점과 태도를 얻게 할 것이다.

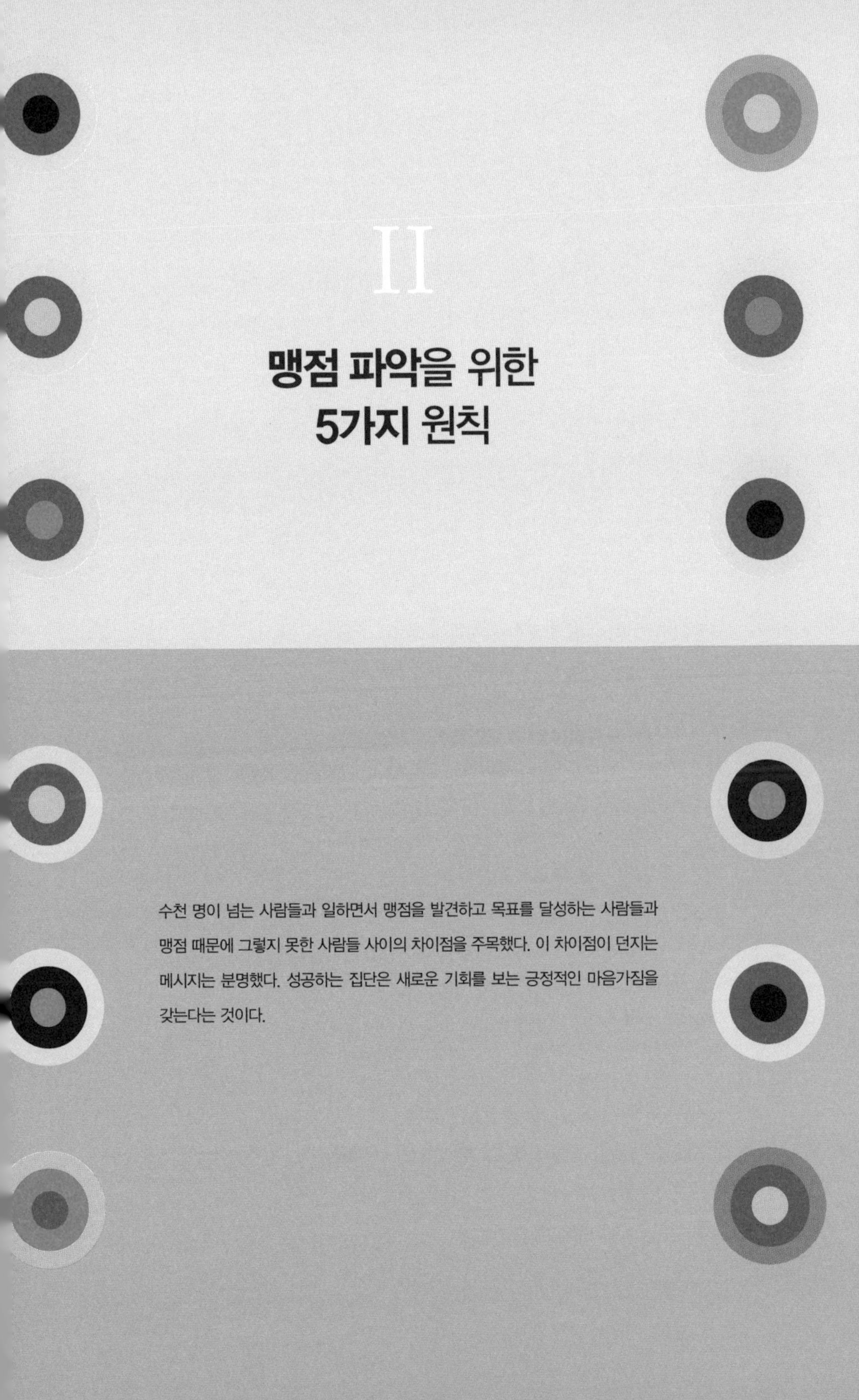

II

맹점 파악을 위한
5가지 원칙

수천 명이 넘는 사람들과 일하면서 맹점을 발견하고 목표를 달성하는 사람들과 맹점 때문에 그렇지 못한 사람들 사이의 차이점을 주목했다. 이 차이점이 던지는 메시지는 분명했다. 성공하는 집단은 새로운 기회를 보는 긍정적인 마음가짐을 갖는다는 것이다.

6

판단만하지 말고 우선 자신을 보라

운전 중 길을 잃었을 때 방향을 알기 위해 잠시 멈추고 기어를 중립에 놓을 수 있다. 같은 방식이 맹점 파괴에도 적용된다. 잠깐 멈추고 현재 습관을 검토할 필요가 있다. 똑같은 방식을 유지하고 싶은가 아니면 몇 가지 변화를 시도하고 싶은가? 중립으로 이동하는 것이 맹점 파악의 첫 번째 원칙이다. 중립으로 이동할 때 전에 보지 못한 자신의 모습을 볼 수 있다. 과정은 다음과 같다.

우리가 어떤 평가를 받는가 보다 그 정보가 우리에게 주는 유익을 생각해보면, 자신에 대한 긍정적인 피드백과 부정적인 피드백을 다 수용할 수 있다.

- 잠깐 멈추고 왜, 어떤 방식으로 행동하고 있는지 재고해볼 수 있다.
- 왜 특정 방식으로 느끼는가에 대한 이유를 생각해 볼 수 있다.

- 우리의 자극, 동기, 실수를 편견 없이 돌아볼 수 있다. 마치 그림을 보는 것처럼 관찰하게 된다.
- 새로운 선택을 할 수 있다.

중요한 것은 자기를 인식하는 것이다. 때로 이 단계를 뛰어넘으려고 할 때도 있다. 스티븐이라는 고객과의 경험이 그 중요성을 상기시켜 준다.

스티븐은 제조회사의 부사장으로 새롭게 자리를 옮겼다. 회사 문화는 집단 의사결정과 동료 관계를 강조했지만 그는 늘 독립적이고 권위적으로 일해 왔다. 그가 입사하고 나서 회사는 관리자 100인에 대해 360도 다면평가를 수행했다. 스티븐은 첫 번째 결과에서 상사, 동료, 평가 보고서에서 부정적인 인식을 받고 있는 것으로 드러났다. 스티븐에 대한 평가는 상사가 받은 직속 보고서 14개 중에서 꼴찌였다.

결과에 충격을 받은 스티븐은 대책을 세우기로 했다. 이 책에 나온 방법에 따라 자신의 맹점을 파악하고 맹점수정계획을 세웠다. 다음 해 다시 360도 평가를 했다. 나는 스티븐이 중간쯤 되기를 바랐다. 그러나 스티븐은 당당히 1등을 했다. 그냥 1등이 아니라 거의 모든 면에서 1등이었다.

방법의 효과에 대한 믿음이 있기는 했지만 나는 극적인 결과에 깜짝 놀랐다. 스티븐의 집중력과 노력이 가장 중요하게 작용했다. 스티븐에게 함께 그동안 한 일 중에 차이를 만든 비결이 있는지 물었다. 평가 툴이나 전략이었을까? 그는 신중하게 생각하더니 이렇게 말했다 "그게 무엇인지 정확하게 알고 있습니다. 판단하지 않고 있는 그대로의 제 모습을 객관적으로 본 것입니다. 이로 인해 이성적인 선택을 할 수 있었습니다.”

‘판단하지 않고 자신을 보는 것’, 스티븐은 중립으로 이동하는 것을 이렇게 표현했다.

새로운 습관 개발

중립으로의 이동은 성공의 절대 필수 요소이다. 중립일 때 나쁜 습관을 새로운 방식으로 볼 수 있다.

폴 게티(Paul Getty)는 “최고에 이르길 원하는 사람은 습관이 가진 힘을 인식해야 한다. 습관을 만드는 것은 연습이라는 것을 알아야 한다. 자신을 해칠 수 있는 습관을 없애고 성공 달성을 위한 습관을 만들어야 한다”고 했다.

비효과적인 습관이 있다는 것을 이해하는 순간 중립으로 이동할 수 있다. 성과가 높은 사람의 경우 이런 사실을 받아들이기는 어렵다. 왜 그럴까? 그들은 이것을 약점이나 실패의 신호로 인식한다. 잠시라도 자신의 약점을 인정할 수 없기 때문이다.

댄 골먼은 《감성지능으로 일하기》에서, “자신에 대한 진실을 인정하는 것은 불편하다. 그렇기 때문에 자신을 보호하기 위해 대부분이 여기에 거부 경향을 갖고 있다. 이런 방어적 자세는 사실을 축소하고 합리화하고 진실함 감정에 대면하지 못하게 만든다”고 지적한다.

자기 강점과 제약에 대한 진실을 수용할 수 있는 사람들이 업무 현장에서 눈에 띄는 것은 당연하다. 12개 조직, 수백 명의 관리자를 연구한 조사에서, 최고 실적을 보인 사람은 자기 평가가 정확했던 사람이다. 성과가 낮은 사람은 이 능력이 부족했다. 한 사람의 강점과 제약을 지각하는 것은 높은 성과를 보이는 사람들로 하여금 개선하기 위해 노력할 부분이 어디이고 부족한 점을 보완하기 위해 누구를 팀에 참여시켜야 할지 알게 해준다.

우리를 잡아끄는 것

맹점은 때로 우리가 성공하기 위해 가장 중요하다고 생각하는 습관으로 변장하고 있다. 헨리는 인생에서 어떤 것보다도 강도 높은 업무를 좋아했다. 그는 다른 사람도 같은 강도로 몰아갔다. 더 큰 일을 맡게 된 헨리의 스트레스 수준은 상사를 제외한 모든 사람을 화나게 만들었다. 그는 다른 사람들의 말에 집중하지 못하고 회의 때마다 짜증을 냈다. 프로젝트 결과는 인상적이었지만 자기 평정을 잃은 헨리는 주위 사람을 불편하게 만들었다.

상사는 이런 점을 헨리에게 설명하려 했다. 그는 오랫동안 강박적인 습관을 갖고 있었기 때문에 성공하기 위해서는 많이 염려해야 한다고 생각했다. 자신에 대한 감정에서 멀어져 헨리는 자기감정이 다른 사람들에게 어떤 영향을 주는지 알지 못했다. 그는 정서적 인지력을 잃고 있었다. 하지만 너무 오래된 습관이 되었기 때문에 그것을 바꾸는 것은 힘들었다. 헨리의 자기 인식에는 강박적인 불안감이 포

맹점파괴의 기술

함되어 있었다. 이미 무의식적인 자화상의 일부였다.

헨리에게는 중립으로 이동하는 것이 낯설었다. 그는 빨간색 신호를 만나 브레이크를 밟기 전까지 빠른 속도로 달리는 운전사와 같았다. 녹색 신호가 되면 페달을 힘껏 밟아 시속 90킬로미터로 달렸다. 중립이라는 기어가 있었는지 모르지만 사용해본 적은 없었다.

맹점의 제약에 갇혀 살아가는 헨리 같은 사람들은 추돌할 때까지 중립의 필요성을 알지 못한다. 승진을 놓치고, 해고당하고, 심각한 곤경에 처할 때까지 말이다. 중립으로 이동하는 대신 자기만의 근심과 파괴적인 감정에 빠져 들었다. 걱정 없이 살아 보지 않았던 사람들은 다른 길을 알지 못한다. 그런 좌절을 해결하지 못하는 세 가지 감정 전략 예가 분노, 비난, 후퇴이다. 다음 표에 잘 설명되어 있다.

분노	분노는 실망할 때 나타나는 자연스럽고 순간적인 반응이다. 너무 오래 품으면 그 감정에 사로잡혀 중립적인 관점을 갖지 못한다.
비난	실망한 것에 대해 누군가를 비난하는 것은 정당할 수 있다. 그러나 너무 오래 비난하고 있으면 스스로 세운 목표에 책임을 지지 않는다.
후퇴	스스로 후퇴하는 것은 잠깐의 쉼을 제공할 수 있다. 그러나 혼자 너무 있게 되면 목표 달성에 적극적일 수 없다.

중립으로 이동하는 것을 막는 장애물

분노

분노는 자연스러운 반응이지만 한 사람의 꿈을 앗아간다. 자신을 실망시키는 상사, 동료, 직원들에게 화가 날 수 있다. 1장에서 조이는 승진을 놓치자 화를 냈다. 그는 부당한 대우를 받았다고 느끼자 회사를 떠나고 싶었다. 이런 행동으로 감정은 분출할 수 있지만 너무 오래 지속하면 자멸한다. 다른 사람들은 조이가 매니저를 맡을 준비가 되지 않았다고 확신했다. 이에 조이는 '화를 냄'으로써 스스로 좌절했다. 감정이 선택을 제어한 것이다. 중립으로 이동하여 가능성을 보는 자유를 경험할 수 없었다.

비난

사람들은 분노를 넘어 자기 문제를 다른 사람에게 떠넘긴다. 조이의 처음 감정은 '경영진은 실적을 존중하지 않는 가식적인 무리들'이라는 것이었다. 상사의 능력을 의심하고 동료의 질투를 비난했다. 이것은 조이가 실망감을 다루는 순간적 반응이었다. 다른 사람을 계속 비난했다면 미숙하고 무책임하게 비춰졌을 것이다.

후퇴

2장에서 마케팅 부사장으로 임명된 엠마는 새로운 직위에 압도당하는 느낌을 경험하고 후퇴하기 시작했다. 부하직원 몇몇이 자신을 존경하지 않다는 것을 알고 자신감을 잃고 극단적인 자기비판에 빠졌다. 이는 문제 해결과 상관없다. 이런 행동을 지속했다면 자기 능력을 의심하게 됐을 것이다. 그녀는 '후퇴하는 감정'에 머물며 그 감

맹점파괴의 기술

정에 의해 지배당하거나 서서히 통제력을 잃으며 중립으로 이동하지 못할 수 있었다. 하지만, 엠마는 그런 감정을 뒤로 하고 중립으로 이동할 수 있었고 자신감과 권위를 되찾을 수 있었다.

전환점

중립으로 이동하는 것은 멈추고, 생각하고, 현재 행동에 머무를 것인지 방향을 바꿀 것인지 선택하는 순간 일어난다. 다음 순간 무엇을 할 것인지 생각하면서, 시선은 자기 내부에 집중해야 한다. 변화를 선택한 경우 그들의 깊고 차분한 목소리에서 그런 표현과 태도를 종종 볼 수 있다. 마치 시간이 멈춘 후 다시 시작하는 것과 같다.

조이가 중립으로 이동한 전환점을 떠올려보자. 그는 상사를 비롯한 모든 사람들이 자기 실적을 인정하지 않는다고 비판하며 부당함에 대해 고래고래 소리쳤다. 대화 중 침묵이 흘렀다. 나는 조이를 바라보며 조용히 말했다. "조이, 당신은 선택할 수 있습니다. 함께 앉아 얼마나 부당한 대우를 받았는지 검토할 수 있습니다. 이번 일에 부당함이 있었다는 것을 의심하지 않는 것은 아닙니다. 사람들에게 불평한 것들이 사실이고 당신이 옳다고 가정해 봅시다. 그런 것이 당신의 목표 달성에 무슨 도움이 될까요?"

나는 계속 말했다. "대안은 세일즈 매니저가 되겠다는 목표를 면밀히 관찰하고, 당신에게 어떤 맹점이 있는지 판단한 다음, 이런 장애물을 극복하기 위한 전략을 세우는 겁니다. 당신이 선택하는 겁니다. 하지만 이 대안 중 하나만 선택할 수 있습니다.”

조이는 세일즈 매니저가 되는 목표에 전력을 다하기로 했다. 분노와 비난의 감정을 몰아내고 목표 달성 활동에만 집중했다. 다시 말해, 중립으로 이동했다. 매니저에 도전하기로 한 조이는 자기 맹점을 파악하기 위해 애를 썼다. 부정적인 감정이 떠오르면 세일즈 매니저 책상에 앉아 있는 자기 모습을 그리며 마음을 가다듬었다.

엠마는 다시 도전했다

엠마는 조용히 지금 문제가 자신이 몇 안 되는 여성 부사장 중 하나라는 점과 어떤 연관이 있는지 생각하기 시작했다. 그녀는 가부장적인 문화 속에서 자신의 위치가 가진 문제점을 비난했다. 이런 생각은 스스로를 더욱 부정적으로 만들었다.

나는 엠마와 대화를 나누었다. “당신에게 선택권이 있습니다. 높은 자리에 여성이 없는 문화 속에 있는 것은 사실입니다. 이 회사의 이런 문화가 잘못되었다는 사실에 에너지를 집중할 수도 있습니다. 재능을 가진 여자 부사장이 매우 성공적이라는 것을 증명하기 위해 전력을 기울일 수도 있습니다. 어느 길이 좋을까요? 두 번째 길을 선택한다면, 맹점이 무엇인지 알아내기 위해 노력을 기울이는 편이 낫겠지요.”

엠마는 성공하는 부사장이 되는 쪽에 집중하기로 했다. 맹점을 파악하고 어떻게 하면 전진할 수 있을지 생각하며 문제를 해결하기 시작했다. 조이처럼 그녀도 중립으로 관점을 옮겼다.

맹점 파괴의 기술

정서적 지각의 기술과 과학

생각 흐름을 분석하는 훈련은 학교에서 받았지만, 감정의 지속적인 흐름을 이해할 필요성을 인식한 것은 최근 일이다. 정서적 정보는 감정, 신체적 감각, 정서적 기억의 경험에서 시시각각 이해하는 의미를 포함한다. 이성적인 생각과는 대조적으로 정서적 정보는 개인적이고 주관적이며 의사결정에 대한 결정적인 통찰력을 제공한다.

신경과학자인 안토니오 다마시오(Antonio Damasio)는 이성적 요소와 감성적 요소 사이의 상호관계를 탐구했다. 생각을 정리할 때 우리 정신은 예감의 형태로 정서적 정보를 제공한다. 이런 본능적인 감정은 순식간에 지나가지만 스스로에 대한 선호와 신념에 적합한가를 보는 중요한 신호이다.

중립으로 이동할 때 스스로에게 본능적인 감정을 수용할 잠깐의 기회를 줘야한다. 움직임이 없다면 꾸준한 생각의 흐름에 과민하게 반응하기 쉽다. 우리는 분노와 허탈이라는 감정의 위험에 적극 대처하지 않아도 된다.

중립으로 이동하는 것은 자기 인식의 핵심이며 탁월한 사람을 구분 짓는 정서 능력에 필수적인 기술이다. 댄 골먼은 자기 인식에 필요한 기술 세 가지를 다음과 같이 정의한다. 첫 번째는 '정서적 지각(emotional awareness)'으로 감정이 성과에 어떤 영향을 미치는지 알고 내면의 가치와 목표에 대한 감각을 갖는 것이다. 두 번째는 '정확한 자기평가(accurate self-assessment)'로 강점과 약점에 대한 감각이다. 세 번째는 '자신감(Self-confidence)'으로 능력, 가치, 목표를 분명히 인지할 때 나오는 용기이다. 맹점을 인지하고 선명한 시야를 얻을 때 필요하고 추구해야 할 기술이다.

중립으로 이동하는 방법

중립으로 이동하기 위해 감정, 가치, 경력, 인생에 대한 관점을 얻고자 오랜 기간 명상을 할 수 있다. 생각과 정서적 정보를 처리하기 위해 하던 일에서 잠깐 시선을 떼는 방법도 있다.

사람들은 이런 1분 휴식을 바쁜 스케줄에 끼워 넣기 어렵다고 생각한다. 많은 여성들이 일이 바빠서 여섯 시간 동안 화장실 한번 가기도 어렵다고 이야기 한다는 임원코치가 기억난다. 생각지 못했던 새로운 맹점이었다. 슬프지만 건설적이지 못한 습관에 얼마나 얽매어 있는가를 보여 주는 실화다.

의식을 중립으로 만들면 사고와 행동이 원하는 대로 가고 있는지 판단할 여지를 준다. 그렇지 않다면 새로운 가능성을 고려해 방향을 바꾸어야 한다. 중립으로 이동하는 간단한 방법 다섯 가지를 생각해 보자.

목표를 시야에 넣기

경력 관리는 목표가 당신이 원하는 것과 그 이유를 분명하게 해주는지 점검하는 것이다. 자기 인식은 지금 하고 있는 일이 자신의 꿈, 소망, 감정, 내면의 가치와 조화를 이루는지 검증하는 지침을 제공한다. 목표를 살펴보면 목표와 밀접하게 연관된 것을 향한 행동과 느낌을 자극할 수 있다.

조이와 엠마는 분노, 비난, 후퇴에서 멀어져 중립으로 돌아오기 위한 방법으로 목표에 집중했다. 조이는 매니저를 원했다. 엠마는 커진

과제를 처리할 수 있다는 것을 증명하고 싶었다. 분노나 도피 욕구가 생길 때마다 의식적으로 목표에 시선을 맞추었다.

자기 모형을 숙고하기

4장에서 했던 것처럼 자신의 모습을 대표하는 모델을 찾아보는 것은 중립 이동의 또 다른 방법이다. 강점, 잠재적인 맹점, 성공이 갖는 의미 등을 숙고할 때, 자기에 대한 지식을 얻을 수 있는 기회를 갖는다. 또한 개인적인 목표를 세운 이후 내면의 감정과 생각이 어떻게 변했는지 살펴보는 기회를 가질 수도 있다.

모델(모형)은 다른 사람과 자신에 대한 생각을 논의할 수단을 제공한다. 누군가를 코치할 때 자신에 대해 이야기하는 것보다 모델에 대해 이야기하는 것이 도움이 된다. 모델을 통해 우리는 공동으로 관찰한 것을 공유할 수 있다.

이런 커뮤니케이션 스타일은 맹점이란 주제에 대해 이야기 하는 것도 쉽게 해준다. 또한 다른 사람 눈에 한 개인이 어떻게 보이는지 알게 해주며, 그 사람 눈을 통해 세상이 어떻게 보이는가도 알게 해준다. 선명한 시야 확보를 위해 효과적인 전략을 개발하는 능력도 더해준다. 마지막으로, 모형은 미래 커리어나 계획의 검토 혹은 갱신을 위해 요약된 정보를 제공해준다.

균형 잡힌 피드백 얻기

5장에서, 균형 잡힌 피드백을 얻는 것이 맹점에 대한 정보를 얻는 훌륭한 방법이라고 말했다. 이것은 중립으로 이동할 때도 탁월한 방

맹점파괴의 기술

법이다. 자신에 대한 긍정적이고 부정적인 정보 모두를 환영하는 것은 다른 사람들에게 자신감을 전달한다. 피드백을 요청하는 것은 자기 인식에 대한 욕구의 표현이다. 우수한 실적을 내는 사람을 연구해 보면, 그들은 다른 사람이 자신을 어떻게 인식하는지 듣고 싶어 하고 이것을 소중한 정보로 여긴다.

균형 잡힌 피드백을 요청할 때는 대화를 중립적으로 해야 한다. "제가 연설할 때 어땠나요?"라고 말한다면, 당신에 대한 판단을 요구하는 것이다. 대신, "가장 잘했던 점 세 가지와 다시 발표한다면 바꿀 수 있는 세 가지는 무엇일까요?"라고 말하는 것이 중립적이다. 응답자는 청중, 발표 자료, 혹은 당신 행동에 대해 이야기 할 수 있다. 당신 성과를 개인적으로 대하지 않고 이야기 할 수 있는 공간을 제공하는 것이다. 대화를 침착하게 유지하면, "당신의 블루 셔츠는 이 조명에서는 매력적이지만 네온 빛 아래에서는 역동적으로 보일 것 같지 않군요"라는 관찰이나 자료를 얻는 기회가 될 수 있다. "발표 중간에 청중으로부터 높은 집중을 얻지 못하는 것 같았습니다. 다음에는 대화형식을 시도해 보는 게 좋을 것 같습니다"라고 말할 지도 모른다. 충분히 숙고하고 수정할 수 있는 행동들이다.

균형 잡힌 피드백은 개인적으로 비난하지 않고 다른 사람으로 하여금 당신에 대해 관찰한 것을 제한 없이 얘기할 수 있게 한다.

자신이 다른 사람인 것처럼 상상하기

자신에 대한 대화를 중립적인 위치에서 하기 위해서는 주인공이 당신이 아니라 그 방에 앉아 있는 제3자라고 생각해보라. 이 방법으로 질문하고 유머를 사용하면 부정적인 의견도 존중할 수 있다. 당신이 편안하게 반응하면 다른 사람도 도움이 될 만한 부정적인 관점을 공유할 수 있다. 부정적인 피드백에 높은 관심을 보일수록 더 많은 정보를 얻을 수 있다. 또 앞으로의 비공식적인 대화를 위한 토대도 마련할 수 있다.

조이는 매니저가 되지 못한 이유를 알기 위한 회의를 할 때 울분이 가득했다. 그렇지만 그는 자신이 아닌 다른 사람인 것처럼 생각하고 얘기하는 기법을 사용했다. 회의가 시작되자 조이는 실제로 자신이 다른 사람에 대해 이야기하고 있다고 믿기 시작했다. 매니저를 맡기에 부족한 점이 무엇인지 경청하는 데 많은 시간을 보냈다.

조이는 더 많은 정보를 가질수록 덜 방어적이 된다는 것을 발견했다. 사람들이 자신이 아닌, '사무실 내 다른 사람'에 대해 이야기하는 것처럼 상상했다. 다른 사람의 관점을 이해하면서 조이는 논리적이고 이성적으로 보였던 자신을 새로운 관점으로 보기 시작했다. 그의 방어 기질은 사라진 듯했다.

스트레스 관리법을 사용하라

스트레스를 다루는 휴식에는 여러 가지가 있다. 대부분 방법은 중립으로 이동할 때도 적용할 수 있다. 정서적 감옥에 갇혀 있을 때, 중립 공간으로 돌아올 방법을 찾아야 할 때 기억하면 좋다. 긴 호흡과 유도(guided) 상상은 중립을 유지하는 탁월한 기법이다.

권력을 남용하는 상사와 가끔 어려운 대화를 나누어야 하는 루이스는 자기만의 기법을 개발했다. 그녀는 부정적인 말을 많이 들으면

맹점파괴의 기술

허탈해졌다. 때로 눈물이 나오려고 했다. 이런 순간이 오면 그녀는 상사에게 "놀고 있네"라고 말하는 장면을 상상했다. 이러면 웃음이 나왔고 중립을 되찾을 수 있었다. 상사와의 건설적인 대화에 참여할 수 있는 더 나은 위치로 말이다.

이제 중립으로 이동할 시간

6장을 마치기 전 대화 중 중립으로 이동하기 위해 사용하는 자신만의 방법을 생각해보자. 다음 주 중에 중립으로 이동할 기회를 최소 두 번 만들고 이를 달력에 표시하자. 그리고 자화상에도 기록하자.

새로운 가능성을 위한 정신적 정서적 공간을 만들어냄으로써, 7장에서 다룰 '긍정적인 가능성에 대한 상상'에 들어갈 준비가 되었다.

7

상상력 사용법을 이해하면
맹점이 보인다

보지 못하는 것을 보는 것은 새로운 가능성을 상상하는 것이다. 맹점을 파괴함으로써 내면의 가능성을 상상하는 것이 이 책의 목적이다. 맹점을 대하는 내 사고 방식은 약점을 제거하는 것이 아니다. 그것은 에너지, 활기, 탄성의 지속적인 공급에 이어지는 새로운 방법을 만들기 위해 일치단결 집중하는 것이다. 우리는 새로운 기회에 유연하고, 탄력적이며, 개방적이기 위해 상상력을 사용한다. 긍정적인 가능성을 상상하는 것이 맹점파악의 두 번째 원칙이다.

하버드대 대니얼 길버트(Daniel Gilbert) 교수는 《행복에 걸려 비틀거리다 *Stumbling on Happiness*》라는 저서에서 "상상하는 것은 존재하지 않고 존재 한 적이 없다. 하지만 상상은 있을지도 모르는 세계를 경험하는 것"이라고 말한다. 이것은 두뇌에서 나온 최고의 업적이다. 아직 어떤 기계도 대체하지 못한 일이다. 미래가 상상과 다를지 몰라도, 두뇌는 미래 가능성을 믿으며 동기를 강화한다.

문제되는 맹점은 상상력 활용 능력을 제한하거나 제한된 방식으로 상상하는 것이다. 예를 들면 다음과 같다.

- 일어날 일을 부정적인 관점에서만 본다.
- 대안이 되는 시나리오를 상상할 수 없는 엄격한 방식으로 본다.
- 선명한 시야를 가져올 수 있는 새로운 활동 즉, 생각하기를 거부한다.

긍정적인 가능성을 위해 상상력을 발휘하는 것은 매우 중요하다. 다른 모든 맹점을 파악하고 수정하는 수단이기 때문이다. 상상력이 맹점으로 인해 제한될 때 욕구는 급격히 감소한다.

《브레이크 풀기*Release the Brakes*》의 저자, 로버트 앨런(Robert Allen)은 성공한 사람들은 제한된 신념과 자기 이미지를 지속적으로 변화시키는 방법을 알고 있다고 주장했다. 사람들은 대부분 부정적인 생각의 결과물인 안전지대에 산다. 이런 신념은 할 수 없는 것에 대한 단선적인 생각을 하게 한다. 성공하는 사람은 생각을 쏟아 내고 새로운 현실을 상상할 수 있기 때문에 결코 막히지 않는다고 믿는다. 긍정을 유지하기 위해 지속적으로 자기 이미지와 행동을 수정한다.

맨슨은 부정적인 신념이라는 안전지대에 사는 사람 중 하나였다.

맨슨은 여러 가지 면에서 성공한 사람이었다. 하지만 그는 긍정적인 방식으로 상상력을 사용하는 사람은 아니었다. 그에 대한 이야기는 직장 내 여러 곳에서 들려 왔다. 똑똑하고 능력 있지만 스트레스와 성과에 대한 압박에 지쳐갔고 급기야 최악을 예상하기 시작했다. 한마디로 중립으로 이동하기를 배우지 않고 부정적인 가능성만 보기 쉬운 상태였다.

미드웨스트(Midwest)의 다이렉트 마케팅 부서장인 맨슨은 최고의 성과 기록을 갖고 있었다. 최근 상사는 직원들의 사기가 떨어졌다는 것을 지적하며 이를 해결하라고 지시했다. 상사는 잘 되고 있는 점도 언급하며 특별히 큰 문제가 있는 것은 아니라고 다독였다.

맨슨은 상사 앞에서는 가만히 있었지만 자리에 돌아와서는 사람들에게 비난받고 있다는 사실에 흥분하고 분노했다. '어떻게 내 능력을 의심할 수 있지? 내가 모르는 무언가 있는 것이 틀림없어. 나를 상대로 모함이라도 하려는 걸까' 하고 생각했다. 스트레스와 완벽주의에 휩싸인 맹점이 꿈틀거렸다. 맨슨은 최악의 시나리오까지 상상하게 되었고 감정을 조절할 수 없게 되자 그냥 그 문제를 더 이상 생각하지 않기로 했다.

사실 상사는 맨슨이 문제를 살펴보고 일상적으로 해결하길 바랐을 뿐이다. 하지만 맨슨은 아무런 행동도 취하지 않고 다른 사람의 생각에 의문만을 제기했다. 맨슨이 행동하지 않자 상사는 더 중대한 일이 있는지 의문을 가졌다. '아무도 눈치 채지 못한 더 큰 문제가 있는 건가?' 맨슨이 버틸수록 다른 사람들은 정말로 뭔가 잘못되고 있다고 믿게 되었다.

코칭을 위한 몇 번의 만남 후, 맨슨의 시야에 대니얼 길버트가 '채워 넣기(filling-in)'라고 말했던 과정이 나타났다. 미래를 예견할 때 보통은 미래의 그림을 합리적이고 완전하게 만드는 세부 사항을 채워 간다. 실제 주위에서 다른 사람들이 행동하지 않는 맨슨을 관찰하고 미래를 예견하며 채워가는 동안, 그는 자기 운명의 날에 대한 시나리오를 완성시켜 가고 있었다. 물론 두 시나리오 모두 빈약한 사실을 토대로 한 것이다.

사기 진작 문제는 맨슨의 지나치게 엄격한 업무처리 방식과 관련 있었다. 13장에서 논의할 해결책은 비교적 간단하다. 긴장을 풀고 문제 해결 시 좀더 유연해져야 한다. 하지만 맨슨이 행동하지 않음으로 인해 상황은 점점 커져갔다. 당혹감과 불안함으로 맨슨의 상상력은 조직에서 나갈 것을 강요당하는 그림을 그렸고, 상사는 훨씬 큰 문제가 있는 것처럼 상상했다. 상상력 이동이 필요했다.

상상력 이동

어쩔 수 없이 맨슨은 이 문제 해결을 위해 도움을 요청했다. 그는 패배감을 느꼈고 에너지는 바닥났다. 문제가 사기진작인데 피곤해 보이는 그는 부서의 지속적인 압력을 처리할 수 없었다. 그는 상사의 질책 때문에 실망했다.

우리는 일련의 의사결정을 거쳤다. 정말 이 일을 계속 하고 싶은가? 그렇다. 사기 진작에 대해 아무 일도 하지 않는 것이 위한 최선의 방법일까? 아니다. 상사는 사기 진작에 대해 아무것도 하지 않는 것이 좋다고 생각할까? 아니다. 사기 문제에 대한 정보를 얻어 도대체 어떻게 되고 있는지 알아볼 가치가 있을까? 어쩌면.

이것은 부정적인 상상에서 현실로, 일로, 행동으로 돌아오는 움직임이었다. 맨슨은 천천히 긴장을 풀고 부정적인 환상을 버리기 시작했다. 문제 해결 방법에 착수해 사람들로부터 정보를 모으고 진짜 문제가 무언인지 파악하기 위해 계획을 세웠다.

시도하면 좋은 결과가 있다는 것을 인정하자, 긍정적인 단계를 밟을 수 있었다. 그는 중립으로 이동하는 것을 연습했다. 자신의 발전 계획에 집중할 수 있도록 팀원에게 도움을 요청했다. 한편으로는 불평을 유발할 수 있는 정보도 모았다. 자신감이 생길수록 긍정적인 방식으로 더욱 노력했다. 맨슨은 사기진작이 어떻게 되고 있는지 상사에게 자세히 보고했다.

믿기 어려울지 모르지만 이 같은 일이 오늘날 많은 일터에서 일어나고 있다. 사람들은 열심히 일하고, 결과를 추구하고, 많은 활동을 하며, 균형을 찾기 위해 애쓴다. 이런 조건에서 상상력은 우울한 시나리오를 만들 수밖에 없다. 13장에서 이런 부정적인 생각의 촉매제를 만드는 스트레스 관리 방법에 대해 이야기할 것이다.

어떻게 하면 비관주의에서 낙관주의가 될 수 있는가

맨슨을 통해 보았듯이 상상력은 한계를 만들 수 있다. 마틴 셀리그

맹점파괴의 기술

만 박사는 일이 일어나는 이유를 자신에게 설명하는 방법을 연구했다. 낙관주의자들은 사물을 통제할 에너지를 느끼는 반면 비관주의자들은 주체할 수 없다는 느낌을 갖는다. 자신이 미래에 영향을 미칠 수 없다고 생각하면 효과적으로 일할 수 없다. 비관주의는 특정 상황을 관찰할 때는 적절할 수 있지만 동기 부여에는 역효과가 난다. 어떻게 하면 비관주의 사고를 긍정적인 방향으로 바꿀 수 있을까? 조슈아의 사례가 좋은 예가 된다.

자기 경력을 재평가한 조슈아

35세인 조슈아는 자신의 커리어를 재평가할 필요를 느꼈다. 그는 회계업무에 탄탄한 경력을 갖고 포춘 500대 기업에서 일해 왔다. 하지만 어느 순간 커리어가 멈췄다고 느꼈고 미래 가능성에 대한 도움을 받고 싶어 했다.

조슈아를 만났을 때, 나는 그가 짐 콜린스(Jim Collins)의 《좋은 기업에서 위대한 기업으로*Good to Great*》라는 책에서 정의한 5단계 리더가 될 사람이라는 것을 깨달았다. 이런 리더는 콜린스가 직업적 의지(professional will)라 부르는 것을 겸손과 결합시키는 사람이다. 결과를 만들고, 장기적 기준을 세우며, 부족한 실적을 책임지며, 동시에 조용한 결단력으로 회사에 야망을 불어 넣고 자신이 아닌 다른 사람에게 공을 돌린다.

조슈아는 의지가 있었지만 지나치게 겸손했는지 모른다. 일을 하게끔 하는 힘에 대한 설명을 요청하자 '팡파르나 갈채 없이 예상되는 결과를 이루기 위해 일하는 것'이라고 말했다. 결과를 만들어 내는 훌륭한 실적, 경험 그리고 이를 토대로 전진할 수 있는 자격이 있었다. 하지만 자신에 대한 긍정적 가능성을 보게 해줄 낙관주의와 에너지가 부족했다.

우선 조슈아에게 현재 일을 하게 만드는 최대 강점을 나열하도록 했다.

- 결과 완수
- 의사 결정
- 분석 기술
- 일대일 커뮤니케이션
- 팀을 향한 공감대
- 탄력(성) 혹은 회복력
- 유머

그의 목록을 보고 이야기를 듣고 있자니 알찬 기술 세트처럼 보였다. 더 만나볼 것도 없이 어느 관리직에서도 잘 적응할 것이란 생각이 들었다. 그러나 조슈아는 이런 기술은 놀랄 것 없는 '보통 수준'으로 '누구나 가진' 능력이라고 설명했다. 그는 겸손이 아닌 자기 폄하 수준이었다. 예컨대, 이런 자질에 대해 어떻게 느끼는지 물으면, "결과를 완수하는 것은 지루하다는 표현이죠. 요구받은 일을 늘 해내는 일종의 보이스카우트 타입 말입니다"라고 말했다. 팀을 향한 공감대를 설명할 때는 '리더가 아니라 잘 넘어가는 사람'으로 묘사했다. 분석

 맹점파괴의 기술

기술에 대해서는 '미친 과학자, 그다지 좋은 커뮤니케이션 기술이 없는 사람'으로 느끼고 있었다.

조슈아는 거대한 맹점을 갖고 있었다. 비관주의 그 이상이었다. 정서적으로 자기 강점에 접속하지 못했다. 잘하는 것을 아는 데서 나오는 에너지보다는 기술을 관찰하고 그것이 얼마나 중요하지 않은가를 설명하고 있었다. 어느 시기부터 자신을 수준 이하로 판단해왔던 것 같다. 이런 패턴은 조슈아의 오랜 습관이었다. 이에 관해서는 12장에서 더 다룰 것이다.

상상력을 사용하여 긍정적인 가능성 만들기

긍정적인 가능성을 보도록 돕기 위해 함께 일하고 싶은 누군가가 이런 기술에 대해 어떻게 느끼는지 상상해보라고 했다. 그러자 각 기술에 대해 느끼는 감정이 바로 바뀌기 시작했다.

- 결과 완수 – "이 사람을 존경합니다. 자기 일에 자긍심을 갖고 다른 사람을 배려하는 사람입니다."
- 일대일 커뮤니케이션 – "함께 일하고 싶은 사람입니다. 훌륭한 코치이자 동기부여자가 될 거라고 확신합니다."
- 팀을 향한 공감대 – "이 사람은 자기 성공뿐만 아니라 팀 전체가 성공하는 일에 관심이 있습니다."

이 후 조슈아는 자기 기술에 대해 느끼는 감정을 정의할 시간을 가졌다. 긍정적인 가능성을 훨씬 많이 상상할 수 있었다.

- "일이 되게 만드는 결과 완수 능력"
- "내 공감력은 일대일 상황에서 탁월한 코치와 동기부여자가 되게 한다."
- "의사결정력으로 시간을 낭비하지 않고 지속적으로 움직이는 사람이 된다."

조슈아는 자신이 더욱 강해졌다고 느끼기 시작했다. 긍정적인 가능성도 볼 수 있었다. 자신이의 능력에 한계가 있고 완전히 신뢰하기 어렵다는 생각을 버리기 시작했다. 자신에 대한 긍정적 가능성을 위해 상상력을 사용했다.

회복

위스콘신 대학교(University of Wisconsin)에서 회복하는 사람과 그렇지 않은 사람의 차이를 연구한 리처드 데이비슨(Richard Davidson)은 회복하는 사람은 스트레스를 다르게 해결한다는 점을 발견했다. 그들은 해결하기 위해 낙관주의를 발휘한다. 일이 잘못되면 그 문제 해결 방법을 생각하기 시작한다.

이것이 우리 맹점을 인식하고 바꾸는 기본이다. 맹점을 약점이 아닌 강점으로 바꾸는 가능성을 본다면 낙관주의를 선택해야만 한다. 소극성과 스트레스 속에서 중립으로 이동하고 새로운 대안을 예견하기 위해 상상력을 사용할 필요가 있다. 긍정적인 사고를 위해 상상력

맹점파괴의 기술

을 개발하는 것은 선명한 시야를 유지하는 핵심 원칙 중 하나이다.

이제 직장, 관계, 재미, 혹은 어떤 심각한 상황에서든 자신에게 적용할 수 있는 가능성을 최소한 한 가지 이상 상상할 차례이다. 자신이 누구인가에 대한 긍정적인 느낌과 기쁨을 느끼게 만드는 가능성이 되어야 한다. 잠깐 명상해보고 자화상에 기록하라.

긍정적인 가능성을 상상할 준비가 되었다면 맹점파악의 세 번째 원칙, '성공이라는 목표에 집중하라'로 넘어갈 준비가 되었다.

8

'성공'이라는 목표에 집중하라

개인마다 성공의 의미는 다르다. 어떤 사람은 권력과 통제를, 어떤 사람은 의미 있는 관계를 추구한다. 어떤 사람은 삶과 일의 균형을 이루는 능력이 중요하다고 생각한다. 프로젝트나 연구과제 같은 단기적 관점 또는 커리어나 인생의 선택이라는 장기적 관점에서 성공을 볼 수 있다. 어떤 목표를 선택하든 목표를 선명하게 응시하는 능력이 성공에 영향을 미칠 것이다. 맹점 파악의 세 번째 원칙은 목표를 명료하게 하여 성공에만 집중할 수 있게 하는 것이다. 달성하기로 한 목표의 맥락에서 강점을 보게 된다.

맹점을 인식하는 것 자체로 목표 달성에 영향을 미칠 것이다. 또한 목표의 초점을 바꿀 수 있다. 예를 들면 다음과 같다.

- 목표가 다르면 처리할 맹점도 다르다.

- 어떤 맹점은 오래된 습관에 뿌리 박혀 커리어 목표에 영향을 미칠 수 있다.
- 어떤 맹점은 상황에 따라 특정 환경, 사람, 단기 목표에만 발생한다.
- 맹점을 이해함으로써 우리의 강점, 약점, 소원, 욕구에 대한 지식을 높이고 미래 목표의 본질을 바꿀 수 있다.
- 이렇게 증대된 자기 지식은 성공이 의미하는 바를 바꿀 수도 있다.

맹점을 이해하는 것은 목표 달성 뿐 아니라 우리가 세운 목표의 본질에도 영향을 미친다.

사람들은 왜 일하는가

일을 하는 데는 다양한 목적이 있다. 미국인 3분의 1은 업무자체의 특성보다는 금전적 보상을 주된 목적으로 꼽았다. 2006년 메트라이프(MetLife) 직원 만족도 연구에 의하면, 직원 중 58%는 동료 혹은 고객과의 관계가 가장 중요하다고 응답했다. 41세에서 50세에 이르는 베이비 붐 세대와 은퇴 직전에 놓인 61세에서 69세 사람들은 관계를 결정적 요소로 꼽았다. 절반 이상(남자의 경우 56%, 여자의 경우 58%)은 일과 생활의 균형을 핵심 기준으로 꼽았다.

미국 노동부에 따르면 사람들이 직장을 떠나는 가장 큰 이유는 인정받지 못하기 때문이라고 한다. 상사와의 관계가 특히 중요하다. 싫어하는 상사를 위해 일할 때 혈압이 상승하며, 심장병 위험은 16%, 뇌졸증 위험은 33% 증가한다고 한다.

사람들은 여러 이유로 일한다. 무엇이 성공했다고 느끼게 만드는 걸까? 달라이 라마는 《달라이 라마의 행복론 *The Art of Happiness at Work*》에서 한 사람의 잠재적 태도와 일에 대한 만족감의 관계를 강조했다. 심리학자이자 뉴욕대 경영학 교수인 에이미 우르제니프스키 (Amy Wrzesniewski)는 삶의 만족도와 일에 대한 생각의 관계를 연구했다. 연구 결과는 사람들이 일에 대해 세 가지 관점을 갖는다는 것을 보여준다.

- 첫 번째 집단은 일을 돈을 버는 수단으로 본다. 일의 본질은 중요하지 않다. 더 많은 돈을 벌기 위해 직업이나 일하는 방식을 바꿀 것이다.
- 두 번째 집단은 일을 경력의 의미로 이해한다. 지위, 승진, 권력, 명예에 동기를 부여 받는다. 진보하지 못하면 위치를 이동한다. 첫 번째 집단보다 이 집단은 개인적인 투자가 필요하다.
- 세 번째 집단은 일을 소명으로 본다. 이 사람들에게는 일과 개인적 삶 사이에 구분이 모호하다. 일의 의미를 생각하며 급여 없이도 일할 수 있는 여유가 된다면 그렇게 할 것이다. 세 집단 중 가장 높은 업무·인생 만족도를 갖는다.

집단마다 성공의 의미는 다르다. 당신에게 성공의 의미가 무엇인지 그리고 다음 달 혹은 내년 목표를 어떻게 정의할지 생각해보라.

맹점파괴의 기술

분명히 각 그룹마다 성공의 의미는 달랐다. 꾸준히 당신이 생각하는 성공의 의미와 당신의 목표를 어떻게 명확히 할 것인지 생각해보라.

성공의 의미는 무엇인가?

1996년과 2001년, 하버드 MBA 졸업생 140명을 대상으로 성공을 어떻게 정의하는지 물었다. 가장 중요한 것은 개인적인 만족도 혹은 '균형'이었으며, 그 다음이 동료들의 존경, CEO 또는 CEO자리였다. 높은 연봉은 마지막이었다.

권력을 추구하는 경향은 여전하다. 하지만 돈과 시간의 교환이 중요해졌다. 가족과 친구에게 기쁨을 선사하는 시간을 갖는 것이 중요하다. 현대인의 삶은 원하는 것은 많지만 그럴 시간이 부족하다는 것이다. 시간 쓰는 방법을 결정하는 것이 중요하다.

〈Inc.〉가 기업가 5인에게 '훌륭한 인생'이 의미하는 바를 물었을 때 여러 가지 교환 혹은 거래를 언급했다. 한 사람은 "나는 자유와 균형에 집중해왔습니다. 균형은 사업을 시작할 때는 잡히지 않는 것입니다. (…) 그리고 성(城)을 소유하고도 거기 들어가 쉴 수 없다면, 그건 자유가 아니지요"라고 말했다.

또 다른 사람은 성공이 갖는 개인적 의미를 이렇게 말했다. "성공이 주관적인 것이라는 점이 기쁩니다. 나에게 중요한 것이 다른 사람에게는 그렇지 않을 수 있기 때문이죠. 모든 사람이 자기만의 용어로 성공을 정의한다는 점은 중요합니다."

분명한 것은 성공의 의미가 시대와 인생 단계에 따라 재검토된다는 점이다. 시간, 개인적인 만족, 친구와 사랑하는 사람들에게 기쁨을 주는 것, 그리고 사랑하는 일을 위한 자유를 갖는 것에 대한 교환 혹은 거래로 성공 등식이 성립된다.

성공을 향한 당신 목표는 무엇인가? 무엇을 생각하든 목표 선언문은 간단하고 명료해야 한다. 말콤 글래드웰은 간단한 정보 패턴으로 요약하는 것이 최선이라 했다. 너무 많은 요소는 의사 결정을 힘들게 한다. 쉬나 아이엔가르는 연구 결과를 강화하기 위해 식료품 가게에서 잼 시식 코너 실험을 했다. 일반적으로는 소비자들은 더 많은 선택권을 선호하는 것 같지만 그렇지 않다. 소비자들은 12개의 진열보다 6개를 진열했을 때 더 많이 구입했다. 정보가 많으면 혼란스러울 뿐이다.

나는 이러한 가정이 목표 프레임워크에도 동일한 적용된다고 믿는다. 단순하고 직접적인 목표 선언문과 전략이 필요하다. 다음 세 가지 사례는 사람들이 기존 업무 속에서 성공 목표를 어떻게 정의하는지 보여준다. 맹점은 목표를 가다듬고 성취할 때 통합적인 역할을 수행한다.

성공목표 #1. 지위, 승진, 돈

토니에게 성공은 권력과 지위, 금전적 보상을 받는 CFO(Chief Financial Officer)로 승진하는 것을 의미했다. 회사에서 잠재력 있는 사람으로 인정받던 토니는 31세에 경영진을 바라보는 재무분석가였다. 나는 커리어 목표가 뚜렷한 그를 경력 초기에 만났다.

토니는 맹점 프로파일을 사용해 잠재적 맹점을 파악하기 시작했다. 이런 잠재적 맹점이 목표를 어떻게 방해할지는 알 수 없었지만 자신이 근시안적이었다는 사실은 금세 알아차렸다. 다음은 그가 정의한 성공 목표와 맹점 프로파일이다.

맹점파괴의 기술

토니 | 재무분석가, 31세

- 성공 목표　장기: CFO가 되는 것

　　　　　　단기: 관리자가 되는 것

- 맹점 프로파일　내성적이고 분석적인 전략가

- 최대 강점　숲과 나무를 함께 보는 통찰력 있는 조직 운영 능력

- 잠재 맹점　너무 앞서가면 오히려 목표에 냉담하거나 초연해질 수 있다. 성과에 대한 압박을 받을 경우 독재적인 면을 드러낼 수 있다.

나는 토니가 사람들 속내를 잘 읽지 못한다는 사실을 직접 확인할 수 있도록 맹점 360을 시도할 것을 제안했다. 토니는 유능하고, 추진력 있으며, 결과 중심적인 분석가였다. 토니의 맹점은 사람들이 무언의 신호를 통해 드러내는 욕구를 인식하지 못하는 것이었다. 토니는 이것을 약점으로 생각하지 않았다. 재무 일을 하는 사람은 실용적이고 객관적이면 되지 비언어적인 것에 민감할 필요가 없다고 생각했다.

하지만 자신의 그런 맹점이 성공을 방해할 수 있다는 것을 발견했다. 그는 새로운 자회사 매수 건에 대한 재무 소견서 작성을 지시받고 이를 수행했다. 그렇지만 부서장은 추가 분석을 요구했다. 토니는 그런 부서장에 대해 불평했다. 부서장은 재무적인 측면 외에 드러나지 않는 또 다른 이유를 알고 싶었는데 토니는 이 사실을 이해하려고 하지 않았다.

그의 관점이 너무 편협해 그런 부서장의 의도를 읽을 수 없었던 것

이다. 그는 제대로 문제 제기를 못했다. 얼마 후 그 프로젝트는 폭넓은 관점에서 적절한 질문을 제기할 수 있는 다른 분석가에게 넘어 갔다. 갑자기 프로젝트에서 물러난 후 토니는 그 사실을 비로소 깨닫게 되었다. 맹점을 제거하는 것이 성공에 중요하단 사실을 알게 된 토니는 새로운 목표를 설정했고 다음과 같은 맹점수정계획을 세웠다.

토니의 새로운 목표와 맹점수정계획
- 목표 비언어적으로 소통해야 할 때, 비재무적인 사람들의 필요를 잘 이해하는 능력 개발
- 맹점수정계획 다른 사람들에 관한 비재무적 정보를 파악하기 위해 질문을 통해 이를 분석한다.

이 계획에 착수하면서 마음을 읽는 능력과 커리어 목표를 달성하기 위한 자신감이 생기기 시작했다. 다음 장에 그 방법에 대해 좀더 이야기할 것이다. 다음 이야기는 맹점을 발견하고 나자 목표 수정이 필요하다는 것을 알게 된 그레이스라는 여성의 이야기다.

성공 목표 #2. 에너지와 균형

그레이스의 목표는 늘 승진과 업무 확대에 집중되어 있었다. 그녀는 바라던 대로 권력과 승진 기회를 얻었다. 모두 그녀가 성공했다고 생각

했다. 38살에 핵심 부서의 책임을 맡은 그녀는 5년 간 세 번 승진했고 성과에 대한 피드백은 대단했다. 직원들은 그녀를 좋아하고 존경했다. 외부적으로 매우 성공한 경영자였다. 과연 맹점을 찾을 필요가 있을까?

하지만 그레이스의 생각은 달랐다. 늘 피곤하고, 지쳤고, 잠이 부족했다. 매일 해결해야 하는 갈등에 압도당하는 느낌이었다. 다른 사람들과 어울리지 못하는 직원들, 그녀가 계속 함께 해주길 원하는 팀원들, 진척이 느린 동료들 때문이었다. 일하러 가기가 두려웠다. "내게 성공은 승진과 지위를 얻는 것뿐만 아니라 하는 일에 대한 열정과 행복을 느끼는 것이다. 아무도 눈치 채지 못하는 동안 일이 싫어지고 이직을 생각하게 되었다."

그레이스는 자신을 돌아보면서 새로운 목표를 세웠다. 요구사항과 에너지 사이에서 균형을 이루는 방법을 찾는 것이다. 맹점 프로파일과 맹점 360을 완성하면서 맹점을 다음과 같이 발견했다.

그레이스 | 부서 관리자, 38세

- 성공목표 개인적인 행복과 에너지
- 맹점 프로파일 **따뜻한 관계 건축가**
- 최고 강점 사람들의 강점과 필요를 본능적으로 이해한다.
- 잠재 맹점 감정을 적절하게 주고받지 못하면 개인적인 약점을 지나치게 확대 해석한다. 교묘하게 부정적인 감정을 피하려고 할 수 있다
- 맹점 360의 피드백 긍정적인 편이지만 점점 으스대는 경향이 있다.

결과가 보여주듯 그레이스의 강점은 따뜻한 성품과 사람들 사이에 조화를 이루는 능력이다. 그녀의 공감 능력은 자연스러웠지만 지나칠 경우 두목 행세를 하려는 것으로 나타났다. 부정적인 감정을 피하려고 한 결과 나타난 맹점이다. 사람들과 잘 어울리기 위해 친절한 말을 하고 격려하길 좋아했다. 일이 늘어나면서 부정적인 감정과 피드백을 다루는 일도 효율적으로 할 필요가 있었다. 새로운 목표와 더불어 다음과 같이 새로운 맹점수정계획을 세웠다.

맹점수정계획

경계를 긋고 다른 사람들에게 위임한다 → 다른 사람들로 하여금 스스로 갈등을 해결하게 한다 → 스트레스 관리법을 배운다.

그레이스는 이렇게 설명했다. "일이 늘어나면서 다른 사람들이 스스로 문제를 해결하도록 하는 방법을 배워야 했습니다. 나 자신이 다른 사람의 스트레스까지 대신해서 받아들이고 있다는 사실을 몰랐습니다. 내게 스트레스를 덜 주는 방법으로 일하길 바란다는 기대를 분명하게 전달해야 했습니다." 새로운 맹점수정계획을 실행함으로써 직장을 옮기지 않고도 에너지를 높이고 균형감각을 찾을 수 있었다.

세 번째, 닐 이야기는 개인적 성장을 위해 기존 직장에서도 성공을 발견할 수 있다는 것을 보여 준다.

맹점파괴의 기술

성공 목표#3. 어려운 사람들과 효과적으로 일하기

우리는 다른 사람과 함께 일한다. 혼자 일하는 것을 좋아할지 모른다. 하지만 제품을 팔고 당신의 입장을 다른 사람에게 설득할 때, 혹은 프로젝트를 관리할 때 함께 일하기 어려운 사람은 늘 있게 마련이다.

40세의 역사 교사 닐의 경우를 보자. 그는 부모, 학생, 다른 교사로부터 존경을 받고 있다. 교사로의 목표를 대부분 이루었기에 활력을 줄 새로운 도전과제를 찾고 있다. 그는 일부 아이들이 선생님의 '심기를 건드리고' 때로는 머리끝까지 화나게 만든다는 것을 알고 있다. 그런 아이를 다루는 일은 도전할 만한 가치가 있었다. 그는 다루기 어려운 학생을 다루는 효과적인 방법을 찾는 것을 새로운 성공 목표로 세웠다.

닐은 맹점 프로파일을 통해 어려움을 야기하는 요소를 살펴보았다. 결과는 아래와 같다.

닐 | 교사, 40세
- 성공 목표 '머리끝까지 화나게' 만드는 학생을 효과적으로 다루는 방법 배우기
- 맹점 프로파일 책임감 있는 품질 관리자
- 최대 강점 옳은 일을 하기 위한 본능적인 자기 규율과 기준
- 잠재 맹점 목표 추구에 대해 너무 진지하고 과도한 책임을 느낄

맹점을 이해하기 위해 닐은 자신의 강점을 생각하기 시작했다. "일을 올바른 방식으로 하기 위해 끈질기게 노력한다. 학생들이 그런 규칙을 존중하고 모두가 원하는 환경으로 만들어 줄 것을 기대한다." 이런 강점이 과용되면 어떻게 보일까? "지나치게 통제한다."

닐은 '화가 머리끝까지 나게' 하는 것은 완벽주의 학생뿐 아니라 권위와 규칙에 저항하는 학생이라는 것을 발견했다. 닐의 맹점은 오랜 시간 굳어진 사고와 행동 방식과 습관이었다. 어린 시절부터 닐은 '옳은 방식'의 수호자 행세를 해왔다. 반항하는 학생 자체가 성가시기도 했지만 그보다 닐이 더 화가 나는 것은 그들이 '옳은 방식'에 도전했기 때문이다. 또 다른 극단은, 닐 기준보다 더 높은 기준을 추구하는 완벽한 학생들이 자신을 부적합한 사람으로 판단한 것이었다.

닐은 맹점수정계획을 개발함으로써 성공 계획을 재정의했다.

맹점수정계획

자신과 기질이 유사한 학생 혹은 반대 학생을 조심하고 그들의 관점을 이해하는 유연한 사고에 집중할 것.

목표 달성을 위해 닐은 유사한 혹은 정반대의 학생을 파악하고 그들에게 주의를 기울였다. 그 아이의 관점을 이해하면 쉽게 커뮤니케이션을 할 수 있다고 믿었다. 이런 계획을 함께 할 학생들과 약속했다.

기존에 하던 일을 신선한 시각으로 바라봄으로써 닐은 새로운 도전과 성장을 경험할 수 있었다.

이제 당신의 차례다

당신의 성공목표는 무엇인가? 방해되는 맹점을 제거하려면 목표 선언문을 명시하는 것이 중요하다. 현재 목표를 기록해 다음 장에서 생각할 수 있게 준비하자. 자화상에도 기록하기 바란다.

이 순간 목표 결정이 어렵다면, 다음 일곱 가지 중 하나를 고르기 바란다.

1. 인생에서 재정적으로 건강하다고 생각하는 상태를 그려보라.
2. 이상적인 일 혹은 경력을 생각해보라.
3. 일과 개인 생활의 균형을 숙고해보라.
4. 신체적 건강 상태와 인생에 미치는 영향을 그려보라.
5. 당신의 인간관계를 생각하라.
6. 개인적인 성장 필요에 대해 생각하라.
7. 지역 사회에서 당신의 역할에 초점을 맞추어 보라.

이 중 하나를 목표 영역으로 정의할 수 있다. 한 가지를 선택하라. 현재 가장 중요한 한 가지를 정하라. 목표를 마음에 새기고 달성하기 위해 9장을 통해 '강점을 활용할' 차례이다.

9

강점의 잠재력을 이해하라

맹점파악은 최고 강점에서 시작할 수 있음을 앞에서 이야기했었다. 이 경우 집중이 필요한 부분을 신속하게 발견할 수 있다. 강점에 대해 생각하면 보다 쉽게 중립으로 이동할 긍정적 태도를 가질 수 있다. 강점을 최대한 활용하는 것이 맹점파악의 네 번째 원칙이다.

강점에 대해서는 다음 것들이 중요하다.

- 맹점과 관련된 약한 기술을 발전시키기 위해 강점을 사용할 수 있다.
- 당신이 처한 상황은 강점을 어떻게 인지하는 가에 영향을 미친다.
- 스트레스를 받으면 강점과 약점을 불변하는 것으로 생각할 수 있다.
- 강점 영역에는 주된 능력을 더욱 발전시킬 수 있는 잠재력이 있다.

눈에 띄는 성과를 이루는 사람은 늘 기회를 수용한다. 그리고 비효과적인 습관에 대한 정보를 얻는 일에 적극적이다. 또한 맹점에 대한 정보를 환영하며 의식적으로 중립으로 이동하고자 한다. 최고 성과를 얻으려면 지속적으로 강점의 균형을 잡아야 하고 그 때 필요한 자각은 중립적인 관점에서만 얻을 수 있기 때문이다.

오프라의 스팽스(Spanx)

독자들 스스로 자신의 최선을 보고 느끼게 만드는 오프라 윈프리는 자신의 스팽스가 만들어낸 기회를 정기적으로 칭찬한다. 모양이 다양한 만큼 다양한 제품을 제공하는 스팽스는 너무 풍만한 부분은 줄이고 부풀릴 부분은 부풀려주는 기능성 속옷이다. 강점을 활용하는 것은 스팽스와 같다. 지나치게 사용한 기술에서 조금 빌려다가 개발되지 않은 기술을 강화시키는 것이다.

매우 분석적이지만 수줍음을 타는 경향이 있다면 분석 기술을 사용해 칵테일 파티에서 사람들을 대화에 참여시킬 독특한 질문을 고안할 수 있다. 책임감이 지나치고 혁신적인 아이디어가 부족하다면 스스로 책임을 지는 것이 직장에서 멋진 시간을 보내기 위한 방법이라고 생각하라. 그리고 일을 즐겁게 만들기 위해 하고 싶은 다섯 가지를 생각하고 그 일을 맡았다고 생각하라.

당신이 가진 강점에 의지해 맹점을 사라지게 만드는 창의적인 방법을 찾아보라. 도움이 필요하다면 스팽스 맹점 파티에 사람들을 초대하라. 그곳에서 사람들은 강점과 약점을 한 가지씩 말할 것이다. 강점을 활용하기 위한 스팽스 접근법에는 세 가지 요구사항이 있다. 하나, 재미있어야 한다. 둘, 해본 적 없는 일을 시도해야 한다. 셋, 사람들이 '당신이 얼마나 변화했는지' 알아볼 때 많이 웃어라!

강점을 활용함으로써 맹점이 만들 수 있는 취약점을 개선할 수 있다. 이런 과정이 실제로 어떻게 진행되는지 두 가지 사례를 살펴보자.

맹점파괴의 기술

사람들의 필요를 이해하기 위한 토니의 노력

7장에 나왔던 토니를 기억하는가? 토니는 CFO가 되는 것을 장기적 목표로 삼고 있지만 먼저 성공적인 관리자가 되어야 하는 31세 애널리스트이다. 토니는 부서장이 자신의 탁월한 재무평가를 보는 눈이 없다고 가정한 것이 얼마나 안목 없는 생각이었는지 깨달았다. 토니가 이해하지 못했던 비재무적인 요구사항을 부서장이 고려하고 있다는 것을 보지 못한 것이 토니의 한계였다. 무능함을 지적 받았을 때 토니는 얼마나 억울했을까. 하지만 토니는 부서장의 입장이 충분히 이해할만하다는 것을 몰랐다.

사람의 마음을 읽는 것이 토니에게 자연스러운 기술이 아니라고 해서 다른 사람의 감정을 이해하는 기법을 개발할 수 없다는 뜻은 아니다. 사람의 강점 정보를 모으기 위해 자신의 통찰력 있는 분석 기술을 활용할 수 있다. 부서장과 껄끄러운 일이 생기자 토니는 상대가 핸디캡이 있다고 생각했다. 하지만 적절한 질문 훈련을 통해 감정적 필요를 이해하는 일에 능숙해지기 시작했다. 상대의 감정이나 관심사를 알기 위해 사용할 확인목록을 만들었다. 이런 노력으로 토니는 감정과 정서적 필요를 인지하는 능력을 개발할 수 있었다.

아비가일 역시 때때로 사람들의 영향력을 빼앗는 대립적인 커뮤니케이션 스타일 개선을 위해 '동기를 부여하는 실천가'라는 강점을 활용할 필요가 있다.

효과적인 의사소통을 위한 아비가일의 노력

아비가일은 신규 사업 개발 방법에 있어 다른 사람보다 세 단계씩 앞서갔다. 맹점 프로파일(부록 264쪽 참고)의 단호한 실행자 모델에 따르면, 그녀는 일을 신속하게 하는 방법을 알고 사람들의 역량을 인지하는 능력을 가졌다. 또한 비전 공유를 위해 동기 부여하는 에너지도 가졌다. 하지만 강점을 과용해 너무 강하고 빠르게 몰아붙이면 다른 사람의 에너지를 빼앗을 수도 있다.

아비가일의 맹점 360도 피드백에서도 맹점을 발견할 수 있었다. 그녀의 맹점은 사람들에게 동기를 부여하지만 혼란을 줄도 수 있다. 그리고 실행이 너무 빨라 다른 사람을 뒤쳐지게 할 수 있다. 그러면 자신을 이해하지 못한다고 실망하고 대립하면서 사람들의 기분을 짓밟는다. 모욕당한 느낌을 받은 사람들은 그녀와 일하기를 두려워했다.

물론 사람들은 그녀가 말하기 전까지 그녀의 계획을 알 수 없다. 더구나 대립적인 스타일로 사람들의 의욕을 떨어뜨리고 위협받는 느낌을 갖게 했다. 사람들이 저항하거나 주저할 때는 중립으로 이동해 그들을 동기 부여할 방법을 찾아야 했다. 말로 사람을 공격하는 것은 더 멀어지게 만들 뿐이다.

아비가일이 '본능을 먼저 생각하는 것(Think Instincts First)'에서 '사고를 먼저 하는 것(Think Thoughts First)'으로 본능적인 사고방식을 확장했다는 것은 4장에서 살펴보았다. 먼저 사고함으로써 다른 사람에게 비전과 일의 달성방법을 설명할 수 있는 방법을 발견했다. 아직 다른 사람의 감정을 쉽게 이해하진 못했지만 스스로 대립적인 의사소통 스타일 때문에 다른 사람의 기분을 상하게 하는 경고 신호를 생각하도록 훈련했다. 중립으로 이동하면서, 아비가일은 커뮤니케이션을 부드럽게 할 필요를 느꼈다. 그 결과, 그녀의 계획에 대한 사람들의 저항이 줄었고 더 편안하게 느꼈다.

아비가일이 기존의 약점을 새로운 강점으로 바꾼 것처럼 각자 가지고 있는 강점을 확장할 수 있다. 또, 강점이 가진 직관적 능력을 더 발전시키기 위해 본능적인 강점까지 활용할 수 있다.

본능적인 강점 확대하기

맹점 프로파일은 순간적인 사고·감정 유형이 일상적 의사결정에서 어떻게 생각하는지를 파악할 수 있게 해준다. 아홉 가지 맹점 프로파일 모형의 강점에는 강점의 기초를 형성하는 각각의 패턴 인식 능력이 있다. 이런 인지 유형은 유전자와 인생 경험의 조합을 통해 발전한다.

2백만 달러에서 4억 달러에 이르는 수익을 내는 성공한 기업가 60인을 연구한 결과, 이를 모두 의사결정에 직관과 본능적 강점을 사용하는 것으로 보고되었다. 처음부터 사용하는 사람도 있고 심층 분석을 확신하기 위해 사용하는 사람도 있다. 체계적인 분석 후 최종 결정을 내리기 위해 직관을 사용한다고 말한 사람도 있다.

본능적인 강점과 직관

본능적인 강점과 직관은 같은 것일까? 그럴지 모른다. 때로 이 용어는 호환적으로 사용된다. 구별하자면, 직관은 본능적인 강점이 더욱 발전된 것이며 일상에서 일반적으로 사용하는 본능적 강점을 훨씬 넘어서는 패턴 인지 기술이라고 본다. 신경정신학자 샤피카 카라굴라(Shafica Karagulla)는 설명하기 어려운 방식으로 정보를 모으는 능력을 가진 신문 기자, 의사, 여성 기업인, 정부 지도자를 8년간 연구했다. 그녀가 인터뷰한 의사들은 환자의 내부 장기 그림을 직관적으로 보고 질병의 형태와 위치를 파악하고 있었다.

카라굴라가 연구한 사람들은 문제해결을 위한 직업적인 방법에도 고도의 직관력을 사용했다. 의사라면 검사 결과를 환자의 질병에 대해 관찰한 결과와 비교했다. 기업가라면 예측 후 그 결과가 다른 인지 형태를 통해 파악한 지침과 맞아 떨어지는지 확인했다. 카라굴라 박사는 최선의 결정을 내리려면 모든 감각을 동원해 정보를 통합할 필요가 있다고 강조했다. 그리고 종종 실제 문제 해결에 직관적인 기술을 제공하는 패턴 인식의 강점을 이해하고자 하는 고객을 만나기도 한다. 이런 기술을 발전시킬수록 신뢰할 만한 직관적 능력을 인지하게 된다.

달라짐을 경험한 마샤

마샤는 전국 텔레비전광고사의 임원이다. 그녀를 만난 것은 직관적

맹점파괴의 기술

인 능력의 힘과 무게를 이해하려고 노력할 때였다. 그녀는 창의적인 사람으로 인정받았고 사람들이 어떻게 느끼는 가를 순간적으로 파악하는 강점을 갖고 있다. 그녀의 능력은 광고 캠페인에 활용되었고 그 결과 능력 있고 비범하다는 평가를 받았다.

나는 마샤가 일로 탈진되고 있다는 느낌을 받는 시점에서 함께 일하게 되었다. 그녀는 광고 관련 상을 받고 승진도 했지만 피곤하고 에너지가 없었다. 내게 설명하기 어려워했지만 뭔가 달라진 느낌을 갖고 있었다. 그녀는 맹점 프로파일과 맹점 360을 통해 논의할 정보를 얻었다. 결과는 다음과 같았다.

마샤 | 광고사 임원, 41세
- 성공목표 소진되고 달라진 기분을 이해하는 것
- 맹점 프로파일 민감하고 명민한 창조자
- 최대 강점 다른 사람들을 돕고 조직의 정서적 필요와 상태를 이해하기 위한 독특하고 창의적인 방법을 찾기 위해 노력한다.
- 잠재 맹점 마니아적 기질로 인해 사회적 기대를 무시할 수 있다. 과로로 병이 날 수 있다.
- 맹점 360 피드백 때때로 그녀의 아이디어는 이해하기 어렵다. 동떨어져 보인다. 매우 창의적이다.

마샤는 주요 강점을 분석하면서, 감정을 읽는 직관력을 통해 자신이 주위 사람의 감정을 모조리 느끼고 있다는 것을 깨달았다. 사무실에 들어서면 거기 있는 긍정적 혹은 부정적 감정을 느낄 수 있었다. 마샤는 자신의 맹점이 그런 감정적 인지력을 둔하게 하는지도, 자신이 느끼는 바를 다른 사람들은 알지 못한다는 것을 몰랐다. 그녀가 세운 맹점수정계획은 다음과 같다.

맹점수정계획

나의 민감한 정서 체계를 지나치게 확장시키지 않도록 선명한 경계를 정하자. 내가 사람들에게 위임한 바를 스스로 책임지게 하자.

맹점을 수정하고 선명한 시야를 얻기 위해 다른 사람의 정서적 부담과 자신을 격리하기 위해 애를 썼다. 그녀는 2년 전 폐렴으로 고생하고 그 결과 육체적으로 소진된 상태였다. 이런 노력을 하지 않으면 병이 도질 것 같았다. 마샤는 다른 사람을 대한 것과 같이 자기 감정에 반응함으로써 강점을 확장시켰다.

자신의 독특한 기술을 이해하기 시작한 마샤

마샤는 일레인 아론(Elaine Aron)이 《민감한 사람들의 유쾌한 생존법 *The Highly Sensitive Person*》에서 설명한 자질을 많이 갖고 있다. 이런 사람들은 환경적 자극을 인지하고 지나치게 반응할 수 있다. 특히 창의성을 통해 갈등을 해결하고 집단 조화를 이루는 방법에 익숙하다.

마샤는 정서적 두뇌에 저장한 거대한 양의 감각적 투입물을 사용

맹점파괴의 기술

해 패턴을 인지했다. 직관적인 느낌이 점점 커지는 것에 대해 그다지 놀라지 않았다. 알 수 없는 미래를 어떻게 알 수 있는지 설명할 길이 없었다. 다른 사람들이 자기를 이상하게 보기 때문에 동료들과 이런 경험을 나누기도 곤란했다.

자신의 경험을 이해하기 위해, 마샤는 애틀랜타 대학교 헨리 리드 박사의 프로그램에 참가했다. 다양한 인지 형태에 대해 미리 학습한 감독관들과 가상의 프로젝트를 수행할 수 있었다. 그녀는 직관적인 반응의 정확성에 대한 즉각적인 피드백을 얻었다. 중요한 것은 전통적인 정보 수집과 의사 결정을 이런 수단과 편안하게 통합시키는 방법을 배울 수 있었다는 점이다. 이 결과 마샤는 자신이 이상한 것이 아니라 독특한 능력을 갖추었다고 느끼기 시작했다. 민감하고 개방적인 사람들과 이런 경험에 대해 신중하게 이야기하는 법도 배웠다.

통합된 사고 방식

사람들은 미묘한 정신세계의 메카니즘을 겨우 이해하기 시작했다. 개인적 모형에서 나타나는 기본 패턴 인식 기술은 지난 15년 간 수백 명의 고객들을 관찰한 결과 나온 것이다. 고객들과 상담하는 동안 마샤가 경험한 것과 유사한 지각 형태를 볼 수 있었다. 유사한 기술을 가진 사람들에게 줄 수 있는 최고의 지침은 이런 능력의 잠재력과 한계를 이해하라는 것이다.

이 장을 마치기 전에 목표 달성을 위해 확장할 수 있는 자신의 강점을 파악하라. 어떤 목적을 위해 어떻게 사용할 지 분명하게 생각하라. 이 정보를 자화상에 포함시킨 다음 원칙에서 자신감이 발휘하는 역할을 이해하기 위해 10장으로 넘어가자.

맹점 파괴의 기술

10

자신감이 효율성을 높여준다

자신감은 스스로 세운 목표를 성취하는 신념이다. 필요한 기술과 능력을 가졌다는 것을 알고 계획한 것을 할 수 있다는 자기 신념을 느끼는 것이다. 자신감 있는 사람들은 기꺼이 위험을 감수한다. 실패해도 자신을 믿는다. 자신 있게 선택하는 것이 맹점파악의 마지막이자 다섯 번째 원칙이다.

대부분 사람들은 특정 상황에서 더 큰 자신감을 가진다. 예컨대 기술적인 능력에는 자신감을 느끼지만 새로운 사람과 담소를 나눌 때는 자신감이 떨어질 수 있다. 새로운 사람과 담소해 본 적이 없는 사람이 자신감이 없는 것이 당연할지 모른다. 기술과 경험을 얻을수록 자신감은 증대된다.

목표에서 멀어지거나 목표 달성을 위한 준비가 부족할 때 자신감은 오히려 맹점이 될 수 있다. 여기에는 몇 가지 이유가 있다

- 가진 기술과 능력의 가치를 과대평가한다.
- 직무에 대한 기술과 능력을 과소평가한다.
- 불필요한 위험을 감수했던 업무에 관한 오래된 감정이 있다.

듀크대 농구팀의 마이크 크리제브스키(Mike Krzyzewski) 코치는 자신감을 두려움에 맞서는 효과적인 무기로 보았다. 그는 선수들에게 경기에서 상대방에게 결코 지치거나 걱정하는 모습을 보이지 말라고 경고한다. 사람들은 이겼다고 생각할 때 더 자신감이 생기기 때문이다. 승리에 대한 자신감을 표현해야만 한다.

자신감 있게 보이는 신호를 줄 수도 있다. 내부적으로 자신감을 증대시키는 사고와 느낌을 조정할 수도 있다. 자신감 삼각형(Confidence Triangle)은 기술에 대한 평가, 현재의 정서적 정보, 자신감 사이의 관계를 보여주는 그림이다.

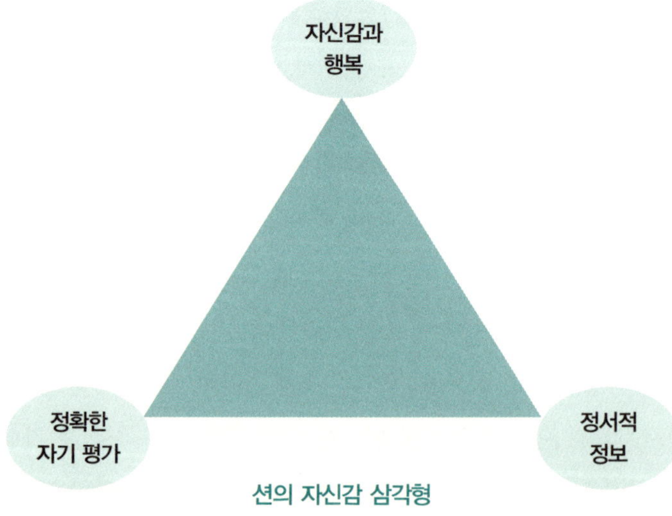

션의 자신감 삼각형

맹점파괴의 기술

강점과 약점, 감정을 정확히 평가하고 그 평가에 대해 신념을 가질 때 자신감이 생긴다. 자기 평가나 정서적 정보에 무언가 빠지면 자신감은 감소한다. 자신감은 진정한 기술에 대한 본능적 믿음에서 나온다. 또한 기술에 대한 평가나 정서적 정보를 업데이트함으로써 자신감의 수준을 조절할 수 있다. 이것이 자신감 부족으로 새로운 커리어 기회를 추구한 션에게 어떻게 적용되는지 보자.

직업 조사를 수행한 션

40세인 션은 투자계획을 책임지는 부사장이다. 션의 회사는 다른 회사와 합병했다. 미래의 커리어가 불확실하다고 느낀 션은 새로운 기회를 모색하고자 했다. 헤드헌터의 도움으로 몇 번 직업을 바꾸었지만 스스로 더 노력할 필요가 있다고 믿었다. 그는 내게 조사 작업을 도와달라고 부탁했고 우리는 인맥 쌓는 것에 대한 이야기를 나누었다. 그는 접촉할 사람들의 목록을 작성했다. 몇 주 뒤 그의 발전과제와 어려움을 상의하기 위해 연락을 하기로 했다.

2주가 지나도 션은 아무 행동을 취하지 않았다. 그런데 능력은 증대하기 시작했다. "너무 일이 많아 연락할 수가 없었습니다. 딸이 아팠죠. 아내는 소득세 처리로 바빴습니다." 션이 맹점에 가로 막힐 것이 염려되어, 나는 매일 한 일과 하지 않은 일, 또 상황에 대해 어떻게 느끼는지를 메일로 보내줄 것을 부탁했다. 이런 정서적 정보교류가 자신의 맹점을 이해하는 데 도움이 될 거라 믿었다. 아무 행동도 하지 않았다는 보고를 받은 지 8일이 지났다. 그러다 어느 날부터 매일 연락하기 시작했다. 그리고 이런 얘기를 했다. "전진하려면 멈추고 스스로 깊이 자숙해야 했어요. 당신과 함께 하는 동안 그것이 유일한 방법이라는 것을 깨달았어요."

션은 새로운 일을 시작할 때마다 오래된 감정에 지배를 받았다. 이런 메시지를 들은 것이다. "넌 부족해. 아무도 새로운 일을 주려 하지 않을걸. 포기해 그냥."

이런 정서적 정보는 오랜 기억에 속한다. 하지만 그 기억이 새로운 조사 활동을 방해한다. 머리와 감정이 따로 논다. 션은 정서의 저수지를 자신에게 적합한 새로운 메시지로 갱신해야 했다.

션과 나는 자신감 삼각형에 대해 논의하면서 정황을 파악했다. 자신감 삼각형을 통해 자기 상황을 관찰함으로써 중립으로 이동해 선명한 시야를 얻을 수 있었다. 그는 자기 기술과 능력에 대해 정확한 판단을 내리는 실제적이고 현실적인 사람이다. 하지만 일자리를 찾기 시작하면서 두려움과 부정적인 메시지가 감정 저장소에 쌓이기 시작했다. 이런 정서적 습관을 깰 필요가 있었다.

우선 오래된 정서적 정보가 지금의 현실과 맞지 않는다는 것을 깨달아야 한다. 션은 관심 있는 일자리에 대한 적성을 평가할 때 자신감이 있었다. 오래된 정서적 정보가 오늘날의 기술과 동조하지 않을 때도 이런 강점을 활용하여 평가해야 했다. 다시 말해, '아무도 너를 고용하지 않을 것'이라는 부정적 감정을 '너는 다른 어떤 사람보다 훌륭하고 훨씬 능력이 있다'는 현실적인 감정으로 대체할 필요가 있다.

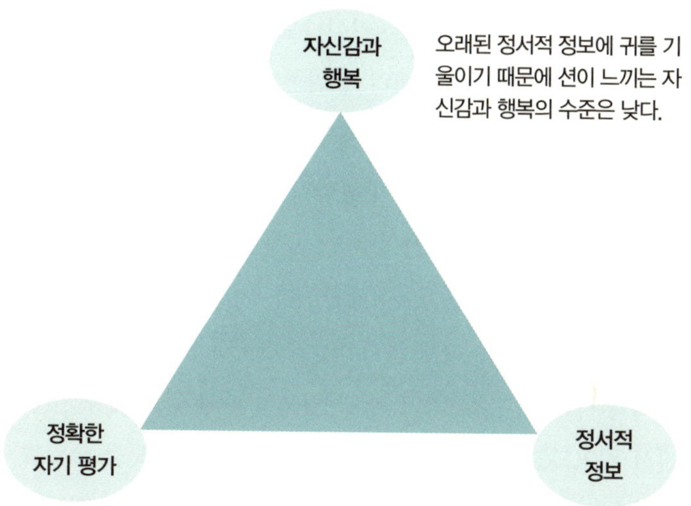

션의 자신감 삼각형

신체 재훈련

자신감을 갉아먹는 오래된 메시지가 떠오를 때마다 이를 긍정적인 메시지로 대체하기 시작했다. 이런 새로운 메시지에 따라 신체도 새로운 패턴을 인지하기 시작했다. 오래된 메시지는 몸을 긴장시키고 두렵게 했다. 그는 스스로 이런 감정이 오늘날 현실과 맞지 않는다고 느꼈다. 신체가 해방감을 느낄 때 정신도 개조가 가능하다는 것도 알았다. 그가 변화를 설명할 때, 나는 그의 목소리가 좀더 부드러운 톤으로 바뀐 사실을 알 수 있었다. 션도 그랬다.

새로운 정서적 정보를 흡수할 때 자신감과 행복도 증대된다고 말했다. 이런 행동이 자동적으로 일어나도록 연습을 해야 한다는 것을 알고 있다. 불안을 느낄 때마다 중립으로 이동하는 것을 상기할 수 있도록 자신감 삼각형 그림을 옆에 두고 있다. 신체적으로 확실히 느낄 때까지 이런 감정을 적극 주입한다. 이런 새로운 습관을 기르는 데 수개월이 걸릴지 모른다. 하지만 아무런 문제가 되지 않는다. 연습하면 된다는 것을 알고 있기 때문이다. 자신감 삼각형은 자신감이라는 감정을 강화하는 매우 실제적인 수단이다.

션의 전략은 효과적이었다. 이는 일을 중단할 몇 차례 위기가 다가오면서 증명되었다. 그는 위기에 대처하기 위해 속도를 늦추었지만 궁극적으로 일자리 찾는 일에 전념했다. 드디어, 관점 이동을 통해 션은 새로운 일자리를 여러 개 찾을 수 있었다.

션의 맹점수정계획

션은 자신의 목표와 헌신을 강화하기 위해 다음과 같은 맹점수정계획을 세웠다.

션의 맹점수정계획

목표 나를 위한 새로운 일자리 찾기

1. 가능성 있는 일자리를 파악하도록 도와줄 인맥 구축하기

2. 나를 주저하게 만드는 부정적인 정서적 정보를 발견하기 위해 자신감 삼각형 사용하기. 그리고 스스로 자신감 주입하기

3. 나의 강점과 경험에 적합한 새로운 일자리 찾기

　맹점파괴의 기술

션은 두 달 가량 이 계획을 실행했다. 이후 새로운 계획을 세웠다. 세 달에 한 번씩 스스로 목표를 설정하고 잠재적인 맹점을 파악해 목표를 수행하는 것을 습관으로 삼았다. 특히 정서적 정보에 관련된 자신감에 주의를 기울였다.

션의 경우, 감정이 그의 잘 발달된 기술과 일치되지 않았다. 하지만 나디아는 반대 경우이다. 그녀는 실제적인 기술은 따라 주지 않지만 그런 것으로 오해를 하고 있었다. 나디아는 효과적인 팀워크가 부족하다는 상사의 피드백을 이해하기 위해 자신감 삼각형을 사용했다.

유능한 사람들이 자신감이 낮은 이유는 무엇일까?

어린 시절에 부모들은 우리에게 여러 신호를 보낸다. 이중 아이의 능력을 고려하지 않은 지나친 기대는 '나는 역량이 부족하다'는 느낌을 갖게 할 수 있다. 과잉보호는 '혼자 할 수 있는 일은 없다'는 메시지가 될 수 있다. 자기 모습을 스스로 수용하고 기대만큼 성취할 때 자신감이 생긴다. 친구들 역시 같은 신호를 우리에게 보낸다. 높은 기대치를 요구하는 관계는 자신감을 잃게 할 수 있다. 많은 부모들은 기대 이상의 성과를 요구하는 것이 아이를 돕는 것이라 믿지만 반드시 그렇지는 않다. 다행히 우리는 어른이 되고 나서 판단이 흐려지는 것을 인식함으로써 내면의 목소리를 바꿀 수 있다. 그리고 대신 성공을 선택했을 때의 실제 변화와 좋은 감정에 대해 초점을 맞춘다.

자신의 현실 감각을 수정한 나디아

대학 졸업 후 나디아는 현재 회사의 다이렉트 마케팅 부서에 합류했다. 열심히 일했고 신규 사업을 확대하는 데 뛰어난 능력을 발휘했다. 거듭 승진했고 갈수록 큰 임무를 맡았다. 결국 회사 전체의 미디어 업무를 맡고 조직 전체의 여러 사람들과 접촉하며 많은 사람들의 보고를 받았다. 나디아를 만난 것은 성과에 문제가 생기기 시작한 시점이다.

나디아의 성공은 스스로의 기대치를 넘어섰다. 다른 사람들의 존경을 받고 있다고 생각했다. 그런 정서적 정보는 자신감을 강화시켰다. 그녀는 스스로 거칠 것이 없다고 믿었다. 그러나 그렇지 않았다. 나디아는 함께 일하는 사람들의 반응을 읽지 못했다. 직원들은 그녀를 끝없이 요구하고 결코 감사할 줄 모르는 독재자로 생각했다. 아무도 같이 일하고 싶어하지 않았다. 휴게실에서 오고 가는 뒷담화의 주인공이 바로 나디아였다.

나디아는 션과 반대 입장이다. 션은 유능하지만 자신감이 낮았고 자기 능력에 대해 부정적인 감정을 갖고 있었다. 나디아는 자신에 대해 지나친 자신감을 갖고 있었다. 또한 사람들을 다루는 데 뛰어난 기술과 능력이 있다고 착각했다.

상사는 피드백을 통해 그녀에게 그런 사정을 알렸다. 그녀와 일하기가 얼마나 어려운가에 대한 끊임없는 불만도 지겨웠고 스스로 문제를 해결하게 하고 싶었다. 나디아는 충격을 받았다. 자기 일에 대해 부정적인 의견을 직접 들은 것은 처음이었다. 그녀는 단추 구멍

맹점파괴의 기술

같은 맹점이 있었지만 어떻게 채워야 할지 몰랐다.

나디아는 이 책의 지침을 따라 동료들과 이야기하기 시작했다. 다른 사람들과 일하는 방식에 대한 피드백을 듣고 싶다고 말하고 여덟 사람에게 맹점 360을 채워달라고 부탁했다.

나는 나디아가 중립으로 이동하고 자신의 상황을 잘 이해하도록 돕기 위해 자신감 삼각형을 사용했다.

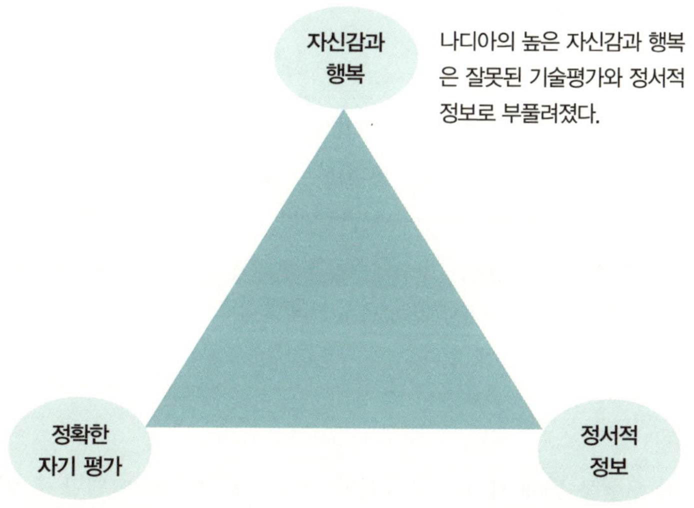

나디아의 자신감 삼각형

나디아의 맹점 360은 즉시 처리할 수 있는 것보다 더 많은 정보를 얻어냈다.

- 활기 넘치고 열심히 일하는 성취가로 인식되었다.
- 다른 사람에게 자신의 스트레스를 전하는 것 같다.
- 다른 사람의 감정에 무지하고 공감할 줄 모르는 것 같다.
- 커뮤니케이션 스타일이 일방적이고 너무 직접적이다.

나디아는 이런 부정적 피드백에 압도당했다. 당황한 그녀는 맹점 프로파일을 통해 중립으로 이동할 필요가 있다는 것을 알았다. 결과를 요약하면 다음과 같다.

나디아의 맹점 프로파일 모형 : 낙천적인 시각 중심의 연출가

- 최대 강점 에너지 넘치는 멀티태스커(multitasker)로 가치 있는 프로젝트를 많이 만들어 낸다.
- 잠재 맹점 지속적인 멀티태스킹은 혼란과 주저함을 가져올 수 있다. 주변의 압박을 느끼면 순식간에 열정이 식어버려 포기한다.

이 모형을 통해 자신이 부정적인 인상을 준 이유를 이해할 수 있었다. 에너지 넘치는 멀티태스킹 능력을 사용했기 때문에 낙천적인 시각 중심의 연출가로 신속하게 승진했다. 하지만 지나치게 과업에 집중함으로써 주위 사람을 멀리하고 사람들에게 무관심했다. 그녀의 유일한 정서적 정보는 업무 완성도에 대한 만족이었다. 그녀의 생산성은 매우 높았기 때문에 신체에서 느끼는 긍정적인 메시지와도 일치했다. 그러나 스스로 만들어낸 압박은 글자 그대로 다른 사람을 간과하고 멀리하고 거부했다.

나디아는 이 그림에 할 말을 잃었다. 스스로 감정 중심적인 사람이라고 생각해 왔기 때문에 더욱 그랬다. 동료를 이해하기 위해 모든 것을 다시 생각했다. 목표와 맹점수정계획을 세우고 기억하기 쉽도록 DIAL이란 이름을 붙였다. DIAL의 각 철자는 선명한 시야 목표의 첫 자를 나타낸다.

나디아의 맹점수정계획

목표 동료를 분열시키는 것이 아니라 도와주는 사람으로 인식시키는 것

1. 동료에게 집중할 시간을 위해 업무의 스트레스를 없앨 것(De-stress).
2. 사람들과 개인적인 접촉을 주도할 것(Initiate).
3. 그들에게 질문할 것(Ask).
4. 그들이 하는 말을 들을 것(Listen).

나디아는 책상과 플래너, 컴퓨터 스크린, 지갑에 '중립으로 이동'이라는 글을 써 붙였다. 이 글을 볼 때마다 속도를 늦추고 잠깐 다른 사람에 대해 생각했다. 하루에 두세 사람에게 프로젝트나 업무에 대해 질문하는 것을 목표로 삼았다. 그들을 거부하거나 자기 생각에 골몰하는 대신 대답을 듣고자 했다.

사람들과 함께 있으면서 마음이 다른 곳에 있을 때 그들은 서운함을 느낀다. "당신은 내 머리 속에 있는 것보다 중요하지 않다"라고 말하는 것과 같다. 함께 있으면서 무시하는 것보다는 함께 있지 않는

편이 나을 수도 있다. 그들의 정서적 두뇌는 당신이 실제 거기 있지 않다는 사실을 집어낸다.

나디아는 하루에 두세 사람과 접촉하는 데 20분 정도 걸릴 것으로 예상했다. 일을 하는 데 전혀 방해되지 않는 시간이다. 자신의 정서적 습관을 바꾸려 노력하면서 중립 이동을 위해 많은 주의를 기울였다. 상당한 훈련이 필요했다.

세 달에 걸쳐 점차 다른 사람과의 관계에 변화가 보이기 시작했다. 처음 그들의 존재를 인지하는 것은 간단했다. 다음에는 그들의 우선순위와 도울 방법을 이해하기 시작했다. 맹점수정계획을 따른 지 한 달 후, 상사에게 피드백에 대해 물었다. 그는 웃으면서 말했다. "최근 불평하는 얘기를 들은 적이 없네. 이 경우를 두고 무소식이 희소식이라고 해야겠지."

스스로를 위한 선택

성공 목표에 대해 스스로 느끼는 자신감은 어떠한가? 현재 정서적 감정에 대한 의존도, 기술과 능력을 평가하기 위해 자신감 삼각형을 사용해 보라. 변화가 필요한 부분을 기록하라. 적절한 시야확보플랜을 세우라. 이 정보를 자화상에 기록하라.

이제 맹점파악의 다섯 가지 원칙을 알고 3부로 넘어갈 준비가 되었다. 맹점을 강점으로 바꾸는 전략을 배우게 될 것이다.

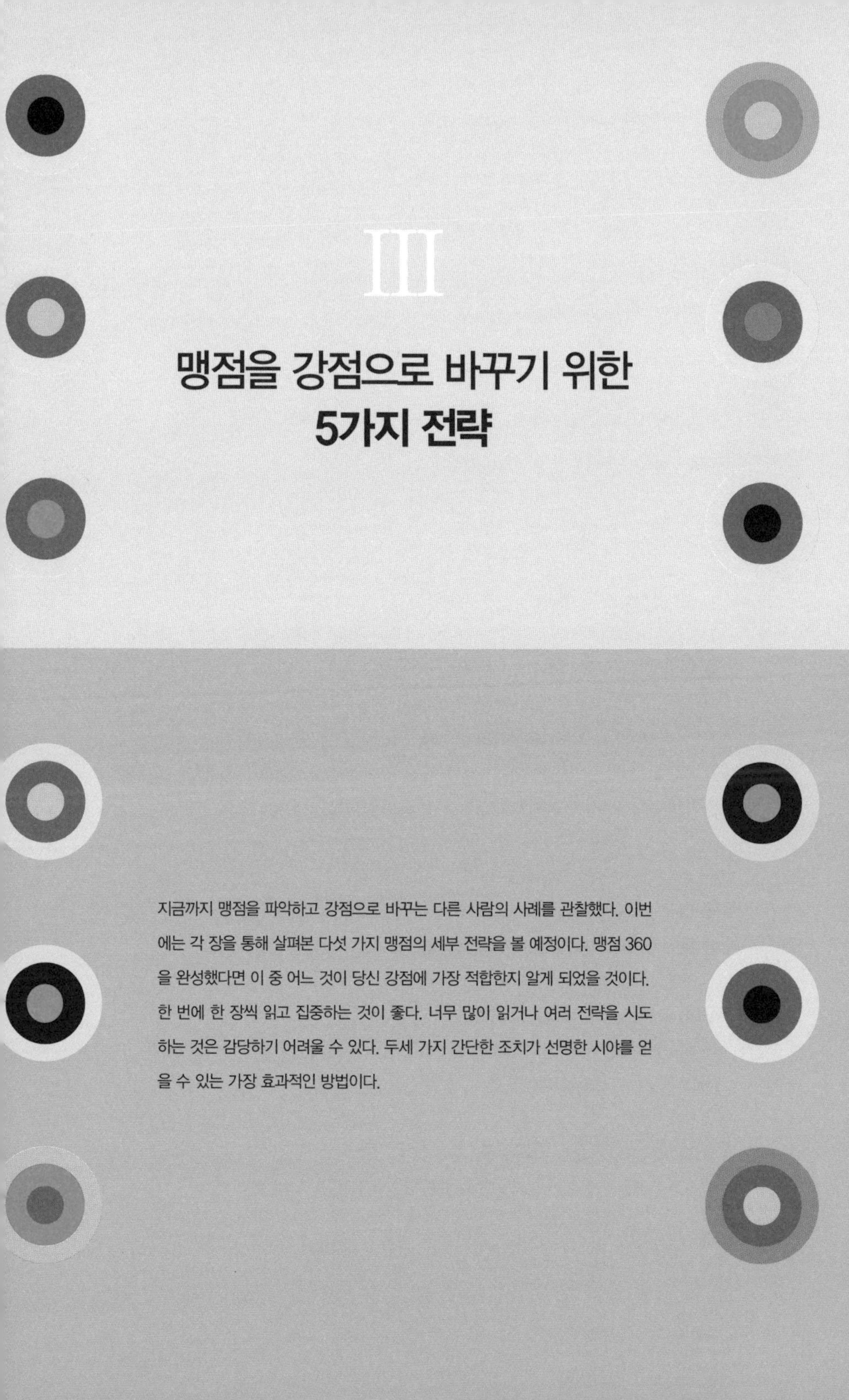

III

맹점을 강점으로 바꾸기 위한
5가지 전략

지금까지 맹점을 파악하고 강점으로 바꾸는 다른 사람의 사례를 관찰했다. 이번에는 각 장을 통해 살펴본 다섯 가지 맹점의 세부 전략을 볼 예정이다. 맹점 360을 완성했다면 이 중 어느 것이 당신 강점에 가장 적합한지 알게 되었을 것이다. 한 번에 한 장씩 읽고 집중하는 것이 좋다. 너무 많이 읽거나 여러 전략을 시도하는 것은 감당하기 어려울 수 있다. 두세 가지 간단한 조치가 선명한 시야를 얻을 수 있는 가장 효과적인 방법이다.

11

강점부터 살펴라

자신의 강점을 분명하게 모른다면 이것이 오히려 자신감을 저해할 맹점이 된다. 결정사항에 대해 모호하게 말하거나 불확실성의 신호를 보낼 수 있다. 자신의 견해를 표현하거나 비난을 받는 것에 움츠릴지 모른다. 이런 맹점은 강점을 과용하는 경우와 달리 이미 가진 강점을 제대로 파악하지 못한 경우이다.

지금까지 과용되었던 당신의 강점을 참고로 잘 모르고 있었던 맹점을 파악했다. 당신에게는 여러 강점이 있다. 《위대한 나의 발견 강점 혁명 *Now, Discover Your Strengths*》에서 마커스 버킹엄(Marcus Buckingham)과 도널드 클리프턴(Donald Clifton)은 34가지 주제로 강점을 정의했다. 성공이라는 목표를 위해 당신이 가진 모든 강점을 인지하기 바란다. 이것들은 자신감의 닻이 될 것이다. '강점을 어떻게 느끼는가'라는 질문은 문제 발생 시 지속적인 안정을 줄 수 있다.

이 책은 현재 생각하고 느끼는 것에 관한 강점에 초점을 맞추고 있다. 이런 강점은 속도 중심 세계에서 신속한 의사결정을 하는 데 특히 중요하다. 본능적 강점을 아는 것은 스티븐 코비가 《성공하는 사람들의 여덟 번째 습관 *The Eighth habit*》에서 '내면의 목소리'라고 말한 것을 발견하도록 도와준다. 목소리를 듣는다는 것은 타고난 내면의 잠재력을 두드리는 것이다. 본능적인 강점은 이 목소리의 원천이다.

내가 만나는 많은 사람들은 자신의 본능적 강점을 간과했다. 나는 이렇게 말했다.

- 본능적 반응은 주의 깊게 살펴야 알 수 있는 미묘한 감각적 느낌으로 전달된다.
- 정신적 소음 때문에 그런 감정에 주의를 기울이기 어렵다.
- 그런 감정이 보내는 신호에 주의를 기울이면 본능적인 반응을 알 수 있다.
- 사실과 다른 방향으로 흐르는 감정을 살펴 보면 신뢰도를 판단할 수 있다.
- 그런 감정을 존중하는 방법은 의사결정에 가치를 부여한다는 사실을 인정하는 것이다.

본능적 강점은 인격, 내면의 기질, 개성을 반영하고 일상 경험에 영향을 미친다. 당신이 하는 일과 당신이 누구이며, 무엇을 알고, 어떻게 행동하는 가를 이해하는 데 도움이 된다. 많이 경험할수록 본능적 강점을 잘 알 수 있다. 당신의 원칙, 가치, 자기 인식, 지혜와 일치하는 인생을 선택해줌으로써 성공을 돕는다.

본능적 강점을 무시하거나 신뢰할 수 없으면 성공 가능성을 제한하는 맹점을 키우게 된다.

당신은 강점과 연결되어 있습니까?

강점과 연결되지 않은 사람에게는 특정한 신호가 발견된다. 그런 사람은 불안감을 보이거나 주저하기도 한다. 효율적으로 보이지만 스스로에 대한 확신이 없다. 명확하고, 전문적이고, 현장 경험이나 프로젝트 지식이 많을 수도 있다. 열심히 일은 하지만 과연 이 모습이 자신에게 맞는지 의심하는 눈빛이 역력하다.

모니카는 이런 사람 중 하나였다.

35세의 모니카를 만난 사람은 누구나 그녀의 업적을 인정했다. 열심히 일했고 최고 학교를 나와 책임감 있는 위치에 올라다. 직원 40명을 거느리는 중간 관리자로서의 리더십 스타일에 상사가 문제를 제기하자 나에게 도움을 요청했다. 지도자로서 그녀를 어떻게 인식하는지 사람들과 인터뷰를 해달라고 했다. 나는 그녀의 직속 부하 열 사람을 만나고 알게 된 사실을 요약했다.

모니카는 열심히 일하고 아는 것도 많다. 그녀는 늘 유능하고 괜찮은 사람을 발굴해 채용했다. 높은 기준을 갖고, 혁신적이고 전략적인 프로젝트를 진행했다. 하지만 방어적이고, 회의적이며, 때로는 까다로운 사람으로 인식되었다. 직원을 의심하고 때로는 편집증적 증세도 보였다. 때로는 가혹하게 괴롭히는가 하면, 때로는 자신이 너무 직원들을 잘 믿는 관리자라고 생각하기도 했다.

모니카는 모르는 사람들에게 접근하기를 주저하는 것 같았다. 때로 지위를 의식해 중요한 사람들을 빠뜨렸다. 냉담하고 무관심해 보이지만 어느 날은 복도에서 가십거리가 된 사람과 개인적인 이야기를 나누기도 했다. 사람들은 모니카에 대해 혼란스러워했다.

모니카의 행동은 자신에 대한 무지에서 나오는 것 같았다. 본능적 강점에서 나오는 내면의 목소리를 인지하지 못했다. 내면의 정보와 현재 사실을 연결시키지 못한 채 결정에 자신감을 잃고 자기주장을 망설이고 신념이 뚜렷하지 못했다.

실용적인 의문 제기형 충신이라는 모니카의 맹점 프로파일에 따르면 그녀의 최대 강점은 높은 지적수준이었다. 그녀는 다른 사람의 역량을 확신할 때까지 그들이 하는 일에 의문을 제기함으로써 신뢰성을 검증하고자 했다. 모니카는 그 사실을 인정했지만 그것이 자신의 본능적 핵심 강점이라고는 생각하지 않았다. 높은 기준과 해박한 지식을 갖추었지만 늘 회의적이며 자기 결정을 비판했기에 오히려 강점보다는 약점을 잘 알고 있다. 그녀는 자기 강점에 대해 표현하기를 망설였다.

자신의 본능적 강점을 이해하면서 모니카는 기본적인 강점 선언문을 작성했다.

맹점파괴의 기술

모니카의 강점 선언문

- 언제나 다른 사람의 신뢰성을 검증하고 내 판단을 철저히 파고 따진다. 이는 현명한 선택을 위한 본능적 강점이다.
- 책임감이 강하고, 신중하고 성실하며 사람들에 대한 기대 수준이 높다.
- 관련된 사람을 돕는 일에 헌신적이다.
- 어떤 문제가 생겨도 내면의 견고함으로 극복할 수 있다.
- 늘 전진하고 함께 일하는 사람들의 유익을 위해 결정한다.
- 내 선택이 늘 인기 있는 것은 아니지만 충분히 검증하고 어떤 도전과제에도 맞설 충분한 근거가 있다.

이런 문장을 쓰면서 모니카는 다시 한번 자신에 대해 생각할 시간을 가질 수 있었다. 한결 마음이 가벼워지는 느낌이었다. 자신이 너무 많이 분석하고 따지는 경향이 있다고 생각했는데 이런 행동이 현명한 판단을 해줄 수 있다는 것을 알았다.

10장에서 소개한 자신감 삼각형은 모니카의 내면을 새롭게 볼 기회를 주었다. 자신의 강점을 분명히 표현하기 전 모니카는 자신의 강점을 몰라 자신감이 부족했다. 그런데 강점 선언문을 완성하자 자신감을 가질 수 있었다. 자신을 분명히 볼 수 있었던 것이다.

자신의 강점을 분명히 표현하자 편안하고 안정된 느낌이 생겼다. 그런 정서적 정보는 자기 평가에 대한 신념을 강화시켰다. 표현한 단어들은 그녀가 취할 행동과 일치했다. 단어들을 몸으로 알게 되었다. 다음의 자신감 삼각형은 강점 선언문 완성 후 얻게 된 본능적 강점의 힘에서 나온 변화를 표현하고 있다.

모니카의 자신감은 강점 선언문 작성뿐만 아니라 진심으로 감정과 이성이 어우러진 결심을 강화시켰다. 이러한 결심은 목적에 대한 의지뿐만 아니라 기꺼이 이러한 말을 행동에 옮길 것을 분명히 하겠다는 의지를 제공한다.

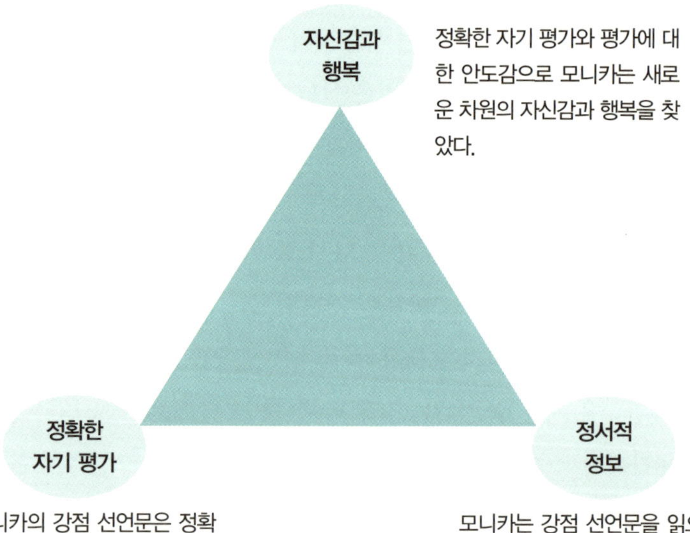

모니카의 자신감 삼각형

다른 사람도 당신의 자신감을 감지할 수 있다

모니카처럼 강점을 인지함으로써 자신감을 얻을 수 있다. 강점에 대한 자기 평가가 강점에 대한 감정과 일치하면 내면이 꽉 찬 느낌이 생긴다. 다른 사람들도 그것을 감지한다.

전직 배우 벨 린다 할펀(Belle Linda Halpern)과 캐시 루바(Kathy Lubar)는 《리더십의 존재 *Leadership Presence*》라는 책에서 리더가 동료와 관리자 혹은 고객과 좋은 관계 맺는 방법을 설명한다. 저자는 리더로서 자연스런 존재감을 만드는 기법을 제안한다. 조지 워싱턴, 마하트마 간디, 윈스턴 처칠, 마틴 루터 킹 주니어 같은 위대한 리더들은 본능적 강점, 명분에 대한 강한 원칙과 신념을 갖고 이런 능력을 통해 모든 사람을 움직이고 행동하게 만들었다.

모두 강력한 리더가 되는 것은 아니지만 강점에 연결된 잠재력을 통해 대인관계를 강화시킬 수 있다. 본능적 강점을 분명히 아는 것은 리더가 될 잠재력을 이해하는 첫 단계이다. 본능적 강점을 알지 못하면 확신을 주지 못하고, 까다롭고, 회의적인 인상을 줄 수 있다. 본능적 강점에 대한 신념은 당신이 누구인지를 다른 사람들에게 잘 전달한다.

본능적인 강점을 학교에서 배울 수 있을까?

어떻게 하면 본능적 강점을 개인 능력으로 만들 수 있을까? 내면의 강점을 분명히 아는 것에서 시작해보자. 집이나 학교에서 어린 시절부터 배우는 것이 좋다. 아래 설명처럼 강점을 어떻게 인지하고 무시하는가가 자신의 내면과 어떻게 연결되는 가에 영향을 미친다.

수년간 청소년을 위한 성장과 개발 프로그램 지도를 한 적이 있다. 거기서 13세 아이들이 자신과 사람들의 본능적 강점을 어떻게 인지하는지 배웠다. 학생들의 본능적인 강점을 파악하기 위해 맹점 프로파일과 유사한 수단을 사용하게 했다. 이런 강점을 '내면의 감각(innersense)'이라고 명명했다. 학생들은 이런 잠재적 강점이 가족과 친구들에게 어떤 가치를 주는지 알기 위해 부모님과 친구들을 인터뷰하고 대한 보고서를 썼다.

맹점은 어디에서 오는 걸까?

자기 행동에 대한 책임을 외부의 통제 불능한 이유로 전가하기 시작하면 자기 강점의 잠재력을 보지 못하는 맹점이 생긴다. 성적이 떨어지면 "선생님이 저를 싫어해요. 제대로 이해하지 못하면 저만 불러내요. 정말 학교에 가고 싶지 않아요"라고 말하는 릭의 경우를 보자.

선생님이 자기를 좋아하지 않는다는 것에서 벗어나 스스로 책임을 지려 할 때 문제를 해결할 수 있다. 릭을 돕기 위해서는 "함께 선생님을 찾아가 수학을 잘하기 위한 계획을 세워보자"고 해야 한다. 이런 접근은 릭의 관점을 수학 문제 쪽으로 바꾸어 놓음으로써 맹점의 진보를 막는다.

현실적으로 선생님이 정말 릭을 좋아하지 않고 그것이 영향이 미쳤을지도 모른다. 하지만 이것을 실패의 이유로 생각한다면 강점보다는 약점을 강조하는 우를 범할 수 있다. 해결책 대신 장애물을 보고, 문제를 보는 대신 스스로 물러나는 습관이 생길 수 있다.

맹점파괴의 기술

강점을 인정하자 교실이 즐겁고 생산적으로 변했다. 학생들은 맹점 프로파일 모형을 잘 이해하고 설명하는 전문가가 되었다. 학생들 대부분 자신에 대해 이야기하는 것과 본인 성격에 대해 친구로부터 지지 받는 것을 좋아했다.

학생들은 학교에서 자신들의 강점을 알게 되었다(강점과 약점에 대해 설명했던 4장을 참고하라). 낙천적인 시각 중심의 연출가로서 강점을 가진 아이들은 성취할수록 존중 받는다. 클럽 리더와 학급 프로젝트가 많은 학교 환경에서는 성공적이다. 책임감 있는 품질 관리자 타입의 학생들은 높은 수준에 도달하도록 동기를 부여하고 올바른 방법을 발견할 수 있는 학급 환경을 좋아한다.

내성적인 학생들은 이해받지 못한다는 느낌으로 힘들어하고 종종 고립되기도 한다. 그들은 다른 친구들과 생각을 공유할 때 자신감을 얻는다. 내성적이고 분석적인 전략가 타입의 한 여학생은 긴장된 순간 다른 사람과 따로 있고자 하는 것은 공감대가 부족해서 그러는 것이 아니란 사실을 설명한 후 안심했다. 일어나는 일의 큰 그림과 세부사항을 보고 자기로서는 최선의 행동을 한 것뿐이다. 그녀는 그 전까지 늘 자신이 뭔가 잘못되었다고 생각했다.

공감하고 갈등을 피하는 외교가 타입의 한 학생은 다른 사람 입장에서 갈등을 해결하는 천부적 능력에 충실했다. 그녀의 어머니는 그녀가 말 타는 것을 핑계로 사회성을 잃을까 걱정했다. 이 여학생은 친구들과 잡담하는 것 보다 말과 함께 보내는 시간을 더 좋아하지만 자신이 인기 있고 친구들도 많다는 것을 부모님에게 알릴 필요가 있다고 생각했다. 그녀는 말 타는 횟수를 줄이고 '부모님이 걱정하지 않도록' 방과 후 친구들과 학교에 남았다.

따뜻한 관계 건축가인 학생은 그들 사회의 중심에 있다. 좋은 성적만 존중하고 인간관계를 존중하지 않는 학문 중심의 환경에서는 평가절하 되겠지만 말이다.

다른 두 타입의 학생들은 학교에서 적응하기 어려운 것 같았다. 단호한 실행자 타입의 청소년은 교실에서 권력이 어떻게 나오는지 본능적인 감각을 갖고 있었다. 자신감이나 존중받는 느낌을 충족시키지 못하면 종종 교사에게 반항하는 길을 택했다. 교사가 그를 통제하면 그들은 다른 학생을 방해하고 교사를 무시할 수도 있다. 나는 이들에게 타고난 카리스마 리더십 기술을 효과적으로 교실에서 발휘할 수 있다고 설명했다. 이들은 존중받는다고 느끼자 토론을 탁월하게 이끌었다.

학교 생활에 어려움을 겪은 또 다른 학생은 스스로 원기 왕성하게 새로운 방향을 시도하는 모험가 타입이다. 그들은 학교가 지루하다고 생각하고 시선을 다른 곳으로 돌렸다.

자기 강점을 어떻게 느끼는가는 처한 환경에 따라 크게 좌우된다. 개성과 강점을 존중받을 때 인정받는다는 느낌을 갖는다. 그러나 오늘날 환경은 복잡하고 변화가 심해 어떤 환경에도 대처할 수 있도록 스스로 준비할 필요가 있다. 그런 준비는 자기 내면과 조화를 이루는 것에서 나온다.

  맹점파괴의 기술

당신의 본능적인 강점을 알고 있는가?

선생님의 사랑을 받은 학생이든 못된 일을 하는 반항아든 누구나 자신의 강점을 확인할 필요가 있다. 많은 사람들은 맹점을 보지 못하거나 직면하기를 거부한다. 내면의 강점을 설명하지 못하는 사람도 많다. 이력서는 쓸 수 있다. 열심히 일하고 능력도 있다. 하지만 명예, 돈, 성과의 함정이 사라지면 어떤 강점이 있는지 모를 수 있다.

내면의 강점을 정의하고 싶은가? 여기 효과가 입증된 방법을 소개한다.

과제 : 강점 선언문 만들기

자신이 속한 환경에서 자신이 하고 있는 모든 것 속에서 최고 강점을 설명하라. 이를 자화상의 일부로 기록하라.

다른 사람들이 보는 당신의 강점을 관찰하라. 그리고 다음과 같이 하라.

- 강점을 중심으로 자신을 설명하는 글을 한 문단으로 써보라. 시작하기 어렵다면 낯선 사람인 것처럼 제3자를 가정하고 써보라. 쓴 것을 크게 읽고 얼마나 일치하는지 보라. 그 설명이 진실하다고 느끼는가?
- 설명이 적합하지 않다고 느낀다면 자신감이 느껴지도록 수정하라. 당신이 누구인가에 대해 과대 혹은 과소평가하지 않도록 주의하라.

문장은 어떤 형태든지 괜찮다. 어떤 사람은 목록으로 어떤 사람은 산문형태로 쓴다. 모니카의 강점 선언문을 따라 할 수도 있다. 중요한 것은 형태가 아니라 일관성이다. 내 고객 중 한 명은 자신이 좋아하는 스타일인 굵은 점을 사용해 목록을 만들고 다이어리 옆에 붙이고 다닌다. 그는 자기 경험과 훈련에 맞는 자신감을 얻기 위해 수 개월간 노력했다. 불행히 젊은 시절에는 하는 일이 자기가 누구인지 보다 중요하다고 생각했다. 잠재력이 가리키는 성공 지점에 도달하려면 자신의 힘을 느끼고 표현해야 한다. 강점 선언문을 읽을 때마다 그 힘의 원천에 연결되었다는 것을 자각한다.

강점은 어려운 시기에 당신을 얼마나 지탱해줄 수 있을까? 12장은 당신의 오래된 습관을 살펴보게 할 것이다.

12

낡은 습관의 싹을 잘라라

때로는 어릴 때 형성되어 존재의 일부가 된 맹점도 있다. 이런 습관은 우리의 존재 방식과 정체성을 이루고 있다. 인생을 살다 보면 13세에 성공적이었던 행동이 35세에는 어울리지 않는 경우가 있다.

1장의 조이를 기억하는가? 고교시절 다른 사람을 즐겁게 해주면서 많은 시선을 받았다. 하지만 이목을 집중하기 위한 잡담과 의욕은 팀과 효율적으로 일해야 하는 30세 성인에게는 매력적이지 않았다. 좋은 실적에도 불구하고 팀에서는 '왕자병'으로 통했다. 오래된 습관은 편안하고 익숙하기 때문에 발견하기 어려운 맹점 중 하나이다.

- 이런 맹점은 강점인 것처럼 느껴진다. 예전에는 그럴 수도 있다.
- 오래된 습관을 포기하는 것은 그리운 옛 친구를 포기하는 것과 같다.

• 이런 습관을 파악하고 영향력을 바꿈으로써 새로운 에너지를 얻
  을 수 있다.

오래된 습관은 여러 가지다. 자주 볼 수 있는 네 가지 모형을 소개
한다.

오래된 습관의 4가지 맹점

오래된 습관을 이해하려면 고교시절로 돌아가 친구들을 대할 때
어떤 느낌이었는지 상상해보라. 부끄러워하고 수줍어하며 말이 적은
사람으로 통했는지 모르겠다. 자신의 감정을 표현하고 모든 일의 중
심에서 활동했을 수도 있다. 모든 과제를 완벽하게 끝내야 직성이 풀
리는 성실하고 책임 있는 학생이었을 수도 있다. 독창적인 아이디어
를 생각하고 예상치 못한 일을 벌이는 대담하고 창조적인 위험 감수
형이었을 수도 있다.

이 중 몇 가지 모습을 가질 수 있다. 이런 청소년기 행동을 성인인
지금까지 이어올 수도 있다. 하지만 그때 통했던 습관이 지금은 통하
지 않을 수 있다. 여기에 맹점이 있는 것이다.

오래된 습관 맹점 격자는 맹점을 만들 수 있는 네 가지 행동 패턴
을 보여준다. 네 가지 패턴 모두 긍정적일 수 있다. 하지만 지나칠 경
우 맹점이 되고 신뢰를 깰 수도 있다. 네 가지 패턴 각각을 자세히 보
길 바란다. 한두 가지는 해당할 것이다.

오 맹점파괴의 기술

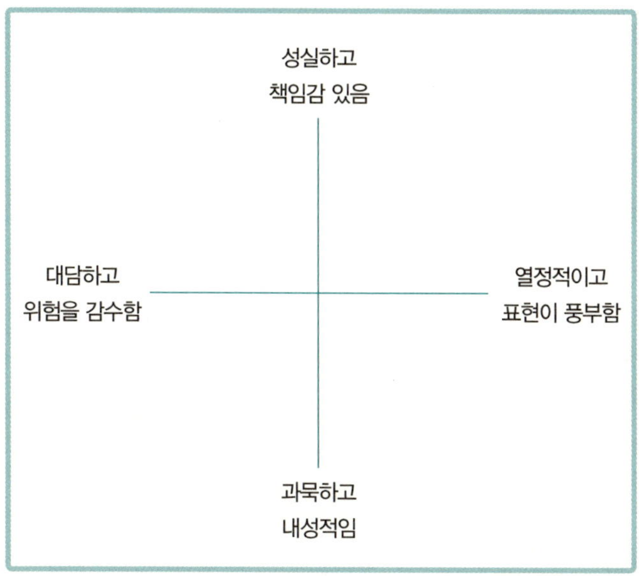

오래된 습관의 맹점 격자 : 네 가지 방향 중 어떤 측면이 과도한가?

성실하고 책임감 있음

성실하고 책임감 있다고 생각하면 마틴의 이야기를 읽고 비교해보라. 그렇지 않다면 다음 섹션으로 넘어가라.

다섯 형제 중 장남인 마틴(33세)은 책임감을 느끼며 성장했다. 그는 집안의 역할모델이었다. 늘 A학점만 받는 학생이고 여러 조직에서 리더를 맡았으며 언제든 지역 사회를 돕겠다는 의사가 있었다. 졸업과 함께 현재 일하는 하이테크 회사에 자리를 잡았다. 그는 책임과 의무를 다하는 표본이었다. 하이테크 산업이 성장하는 동안 어떤 상사를 만나도 높은 평가를 받았다.

마틴을 만난 것은 그가 처음으로 실패를 맛보고 있을 때였다.

마틴과 같은 사람에게도 맹점이 있는지 궁금할 것이다. 마틴의 맹점은 많은 사람을 관리하기 전까지 전혀 드러나지 않았다.

마틴은 진심으로 훌륭한 관리자가 되려고 했다. 주기적으로 팀원들을 만나 능력을 개발할 수 있도록 격려하고 업무에 대해 균형 잡힌 피드백을 주고자 했다. 하지만 마감 기한과 성과에 대한 부담으로 제대로 일할 수 없었다. 부하직원들은 구속받는 느낌을 받았고 자기 생각을 갖고 자유롭게 일할 수 없다는 사실에 낙담했다.

스트레스가 최고조에 달하자 마틴은 세부적인 것까지 지시를 했고 사람들은 숨이 막혔다. 그런 피곤은 결과로 나타나기 시작했다. 신기술 개발 부서장인 마틴은 혁신적인 해결책이 필요했다. 하지만 자신은 물론 다른 사람들 역시 필요한 에너지가 고갈되었다!

⁝ 어떻게 하면 과도한 책임감으로부터 자유로울 수 있을까?

일을 극도로 올바른 방식으로 처리하려는 마틴의 마음을 이해한다면 첫 실패의 순간, 맹점을 경험할 수 있다. 늘 다른 사람의 기대를 뛰어넘는 높은 기준을 고수했기 때문에 이런 전략이 통하지 않으면 당황한다. 선명한 시야를 얻기 위해 필요한 것은 책임을 나누어지는 것이다. 처음에는 어려울 수 있다.

지나친 책임감은 이런 식으로 진화한다. 다른 사람과 함께 목표를 세우는 동안 당신은 그들의 제안에서 몰래 결함을 찾는다. 이것은 다른 사람의 열등함과 전문성 부족을 지적하는 무언의 단서를 보낸다. 김이 샌 사람은 당신과 멀어지고 당신 혼자 일하도록 일을 넘길 것이다. 당신은 버려진 느낌을 받고 결국 나 혼자 책임져야 한다고 생각한다.

균형을 위해 착수할 맹점수정계획의 견본이 있다.

맹점수정계획

목표 : 다른 사람들과 책임을 공유하는 것

1. 사람들과 책임을 어떻게 공유할지 의논하되 기대 결과를 명시한다.

2. 개인적 기대에 부족한 결과물을 가져올 때는 피드백을 보류한다. 그리고 혼자 수용 할 만한지 자문해 본다.

3. 기여한 바에 대해 사람들에게 감사를 표한다.

4. 기준에 대한 실망감을 긍정적으로 표현하는 연습을 한다.

이런 방식으로 다른 사람에 대한 존중을 표현할 수 있다. 당신은 함께 일하고 싶은 사람이 될 수 있다. 기준뿐 아니라 에너지와 시너지라는 '책임감'의 새로운 의미를 경험할 것이다.

톰 메이커는 농구 코치의 강점을 설명하면서 사람들에게 동기를 부여하는 수용적 관리자의 사례로 필 잭슨을 꼽았다. 의사 결정에서 배제된 사람들은 자신이 중요하지 않은 존재라고 생각하고 그래서 사기가 떨어진다. 다른 사람들에게 더 큰 책임감을 줄 때 사기가 오르고 신나는 결과를 보게 된다.

과도하게 책임지는 사람은 자기 기준을 낮추는 데 어려움을 겪는다. 그런 것이 죄책감을 느끼게 한다. 부적합한 일이라고 느낄 수도 있지만 그렇지 않다. 그래도 괜찮다. 시간이 지나면 책임감에 대한 감정도 바뀔 것이다.

지나치게 성실하고 책임감 있는 사람의 반대 유형은 거칠고 담대하고 위험을 감수하는 사람이다. 이들을 무책임하다고 표현할 사람이 있을 지도 모르겠다.

대담하고 위험을 감수함

자신이 담대하고 위험을 감수하는 사람이라고 생각한다면 애슐리 이야기를 읽고 비교해보라.

애슐리(35세)는 삼 남매 중 둘째로 태어났다. 전날 밤까지도 숙제를 하지 않다가 마지막에 훌륭히 해냈기 때문에 친구들은 모두 부러워했다. 그녀는 뛰어난 운동선수로 결정적인 순간, 신기에 가까운 슛을 넣기도 했다. 여러 면에서 그녀는 인생을 쉽게 보았다. 모두 그녀를 두려워했다.

그녀는 담대한 면이 있다. 성적이나 대학입학능력시험 점수가 평범함에도 불구하고 아이비리그 학교에 들어갔다. 인터뷰 덕분이었다고 말하는 그녀는 강하고 기억에 남는 첫 인상을 가지고 있다.

맹점파괴의 기술

애슐리 같은 담대한 위험 감수형이라면 처음 실패할 때까지 자신이 혼자라는 것을 깨닫지 못할 것이다. 이런 일이 애슐리에게 어떻게 일어났는지 살펴보자.

대학을 졸업한 애슐리는 투자회사에 취직해 독특한 투자 전략으로 많은 돈을 벌었다. 회사 사람들은 애슐리가 눈치가 없다고 생각했다. 그녀의 전략은 너무 혁신적이었다. 아무것도 두려워하지 않는 자신감 있는 태도는 동료들의 의심을 샀다. 다른 사람들은 수익성에 대한 애슐리의 기여를 환영하면서도 그녀의 생각이 회사의 한계를 시험한다는 것을 알았다.

거위가 황금알을 낳는 동안은 아무도 죽이고 싶어하지 않는다. 모두 한 발 물러나 그녀의 성과에 박수를 보냈다. 그러던 어느 날 그녀의 전략이 실패하자 회사는 많은 돈을 잃었다. 동료들은 고소한 눈으로 바라보며 그녀가 실패하도록 방치했다. 너무 위험하고 완고한 그녀의 스타일을 알고 있던 동료와 상사는 아무 도움도 주지 않았다.

솔직히 애슐리는 다른 사람들과 교감하지 않고 고립을 자처했다. 그래도 자신의 패배를 기뻐하는 다른 사람의 모습에 큰 충격을 받았다.

균형이 깨뜨려지는 지점에 도달하기

머리 매킨타이어(Marie McIntyre)의 《팀장 정치력 *Secrets to Winning at Office Politics*》에서는 애슐리와 같은 곤란한 처지를 설명하고 있다. 위험을 감수하는 그녀의 행동은 관리자로부터 지나친 주목을 받았다. 관리자들은 애슐리 스타일의 문제점을 이미 예상했다. 이제 균형이 깨지는 일만 남았다. 실패가 시간의 문제일 뿐이다. 이를 뒷받침 할 증거만을 기다렸을 뿐이다.

성취도 높은 위험 감수형은 그런 방식이 대담하고 모험적이지 못한 사람들 사이에 틈을 만들고 있다는 것을 깨달아야 한다. 그들은 스케일이 큰 당신 태도와 사고방식에 회의적일지 모른다. 당신이 실패할 때 도와주지 않을 수 있다.

극단적인 위험 감수는 자신을 고립시킬 수 있다. 애슐리가 겪은 것 같은 고립과 소외감을 예방하기 위해 도움이 될 관계를 만들어야 한다. 다음은 도움이 될 맹점수정계획이다.

당신의 맹점수정계획

목표 관계 강화

1. 사고방식을 파악하기 위해 핵심 인물들과 정기적으로 만날 것

2. 혼자가 되지 않고 함께 전략을 개발할 사람들에게 접근할 것

3. 다른 사람의 공헌을 인정하고 자신만을 부각시키지 말 것

이 계획을 따르면 사람들이 당신 스타일을 편안하게 느끼게 만들 수 있다. 급격한 변화를 만들지 말고 천천히 다가가라. 같은 자아를 가진 사람들 속에서 공작처럼 나타나는 일은 삼가겠다고 얘기하라.

애슐리와 마틴은 사람들이 그들을 인지하는 태도의 균형이 깨뜨려지는 지점에 이르렀다. 다음 글을 읽으면서 당신이 함께 일하는 사람들 마음에 어떤 균형이 깨지는 지점에 있는지 생각해보자.

패자가 된 사람과 일하고 싶어하는 사람은 없다. 자원이 줄어들고

  맹점파괴의 기술

어떤 조직이든 성공은 하루 아침에 결정되지 않는다. 결국 성과를 내는 능력이 결정하지만 미래의 성공은 사람들이 당신을 얼마나 편안하게 의지하는 가에 달려있다. 상사, 동료, 고객, 팀원 그 어떤 역할을 하던 당신 능력은 차이를 만들어 내는 건설적인 해결책의 촉매제로 보여야 한다.

명성은 천천히 쌓인다. 그러다 사람들이 당신이 누구인지 비슷한 의견을 가질 때 정점에 도달한다. 가치가 있다거나, 문제가 있다거나, 그 중간 어디쯤에 해당하는 평가를 받는다.

가치 있는 사람의 신호는 명확하다. 사람들이 당신 의견을 구하고 정보를 나누며 당신 말을 경청한다. 특별한 업무를 맡아 달라거나 중요한 대화에 참여해달라는 요청을 받는다. 바빠진 느낌이다. 문제 있는 경우의 신호도 분명하다. 많은 일을 혼자 하고 있다. 회의에서 제외되고 의견을 묻는 사람이 없으며 돌아가는 일에 대한 대화에는 빠져 있다.

이런 시나리오 중 어느 쪽에도 속하지 않았다면 전환기에 있다. 사람들은 당신과 함께 일하는 것이 어떤지 관찰하고 경험하는 중이다. 이 시간이야말로 당신의 맹점에 다가가 조직 문화와 사람들의 가치에 적응할 방법을 찾을 때다. 당신에 대한 의견이 굳어지기 전에 스스로 성공 가능성을 점검하라. 반드시 가치 있는 사람이 되길 바란다.

스트레스가 늘어날 때는 더욱 그렇다. 아무리 성과가 탁월해도 대하기 어려운 사람이라면, 사람들은 당신 없이 일할 방법을 찾는다: 바로 애슐리가 직면한 문제였다. 오래된 맹점으로 일하는 것은 성과 높은 사람에게도 불리할 수 있다.

다음 맹점 두 가지는 감정 표현에 관한 것이다. 한쪽은 표현이 지나치고 다른 쪽은 전혀 감정을 드러내지 않는다.

열정적이고 표현이 풍부함

감정 표현을 많이 하는 사람은 딜런이 직면한 문제를 읽어보라. 과묵한 편이라면 다음 사례로 넘어가도 좋다.

딜런은 항상 열의에 차있다. 어릴 때부터 항상 사람들의 주목을 받았다. 학교 연극과 모임의 중심인물이었다. 그는 라크로스와 축구팀을 응원했다. 열정적이고, 매력적이고, 유쾌한 딜런은 누구와 만나든 쉽게 대화를 했다. 친구가 많고 모든 파티에 초대 받았다. 문과대학에 입학했고 남학생 사교 클럽의 장이 되었다. 하지만 교실에서는 두각을 나타내지는 않았다.

나는 딜런이 세일즈 매니저로 있는 회사에서 그의 상관으로부터 소개를 받았다.

30세인 딜런은 고급 보석을 다루는 회사의 세일즈 매니저였다. 고객들과 관계를 맺고 그들의 관심과 필요를 이해해 판매를 성사시키는 능력을 일찍부터 인정받았다. 고객들과 만나는 모습을 보면 무대에서 공연을 하는 것 같다. 이것이 그의 성공비결이었다.

세일즈맨으로서 딜런의 맹점은 거의 보이지 않았다. 하지만 매일 접촉하는 관리자와 동료로는 좀 변덕스럽게 보였다. 그는 다른 사람들이 판매 목표를 달성할 수 있도록 동기를 부여했다. 하지만 목표를 달성하지 못하면 화를 냈다. 보통 때는 매력적인데 화가 나면 사람들에게 모욕을 줬다.

맹점파괴의 기술

그의 공격에 눈물을 쏟는 직원들도 생겨났다. 함께 있던 사람들을 망연자실하게 해놓고 그는 활기를 되찾았다. 딜런은 기억하지 못했지만 그런 모욕을 당한 사람들은 몇 주 동안 그 충격 때문에 괴로워했다.

딜런은 팀원에게 뜨겁고 또 차가운 태도를 보였다. 새로운 사람이 오면 잘해주고 모든 개인적인 대화에 참여시켰다. 구체적인 목표를 보여주고 열정적으로 의견을 들었다. 시간이 지나 또 다른 새로운 사람이 주목을 끌면 그 사람에게 이동했다. 사람들은 배신당하고 버림받은 느낌이었다.

▓ 균형 찾기

딜런과 같은 사람은 변덕스런 행동 때문에 신뢰할 수 없고 의지할 수 없는 사람으로 보일 수 있다. 이런 부정적인 평판을 피하기 위해 다음과 같은 맹점수정계획을 세워보라.

당신의 맹점수정계획

목표 일상적인 커뮤니케이션에서 균형 잡히고 지속적인 표현 수준을 유지하는 것

1. 특정인에게 호의를 보이지 말고 모든 사람을 정기적으로 만날 것.

2. 주기적인 운동을 통해 감정 표출 전략을 세울 것.

3. 회의와 회의 사이 중립으로 이동해 스스로 균형을 찾을 시간을 만들 것.

당신 행동이 다른 사람들에게 활력이 될 수도 있지만 일관성을 갖고 사람 대하는 방법을 개발할 필요가 있다. 업무 실적을 관리하는 행정 시스템 운영도 중요하다. 분노 관리 기법도 도움이 될 수 있다. 중요한 것은 자신의 스트레스 수준에 주의하는 것이다. 평판을 떨어뜨릴 만한 행동을 할 수 있기 때문이다. 당신 표현에 대한 부정적인 의견이 정점에 도달하지 않게 하라.

오래된 습관 중 마지막은 극단적으로 내성적이고 표현하지 않는 행동이다.

과묵하고 내성적임

스스로 과묵하고 내성적이라면 헤일리의 문제를 살펴보자.

헤일리는 조용하고 생각이 깊은 젊은 여성이다. 어릴 때는 혼자 놀기를 좋아했다. 학교에서는 훌륭한 학생으로 친한 친구 몇 명이 있었으며 영어나 역사 같이 복잡한 상황을 이해하는 과목에 흥미가 있었다. 고교 시절 심리학자가 되기로 결심했다.

그녀는 대학에서 인문학을 전공했고 합창단과 현대무용 클럽 회원이었다. 현재 대기업 연구원으로 일하고 있는 그녀는 가설을 개발하고 관심 있는 것을 검증하기 좋아했다. 하지만 회사 내 프로젝트 책임자와 불편해지기 시작했다. 다른 사람에 대한 무관심으로 부정적 피드백을 받았기 때문이다. 그녀는 어떻게 해야 할지 도움을 청했다.

맹점파괴의 기술

사람들은 헤일리가 접근하기 어렵고 차갑다고 생각했다. 다른 사람의 노력을 인정하지 않고 도대체 무엇을 하고 있는지 모르겠다고 생각했다. 너무 조용하고 차가웠다. 그녀는 다른 사람들이 자기가 할 일을 알고 있다고 생각했다. 자신의 업무이고 당연히 해야 할 일에 대해 격려할 필요성을 느끼지 못했다.

헤일리처럼 너무 조용하면 사람들은 당신을 모르고 신뢰하지 않게 된다. 평판은 신뢰를 토대로 한다. 다음은 헤일리 같은 딜레마를 풀기 위한 맹점수정계획이다.

당신의 맹점수정계획

목표 가시성(visibility)과 비공개적 커뮤니케이션, 프레젠테이션 기술을 향상시키는 것

1. 사람들 기여에 관해 그들과의 유대감에 대한 정보를 알릴 것.

2. 표현 능력을 개발하기 위해 스피치 수업을 들을 것.

3. 정기적으로 비공식적 만남을 갖고 당신을 알릴 것, 그리고 무관심한 사람으로 보이지 않게 할 것.

이런 계획은 당신을 눈에 띄게 해줄 것이다. 자신에게만 집중하면 통제력을 느껴서 좋지만 사람들은 당신을 차갑고 무관심하다고 생각한다. 아무 말도 하지 않으면 뭔가 잘못됐다고 상상할 수도 있다. 관점을 조금만 나누면 사람들은 훨씬 편안할 것이다. 다른 사람의 신뢰와 자신감을 얻을 수 있다.

당신의 오래된 습관 알기

이 네 가지 습관 중 한두 가지는 당신에게도 해당할 것이다. 두 개이상이면 다른 사람에게 혼란스런 신호를 주고 있다. 당신이 누구인가에 대한 선명한 인식을 주지 못하게 만드는 맹점이 있을 수 있다. 다른 사람이 당신을 어떻게 보고 있는지 검토하기 위해 중립적인 관점을 찾기 바란다.

대부분 사람들과 같다면 오래된 습관 맹점 중에서 한두 가지가 적용된다. 이 책에서 제안하는 방법을 통해 더 알아볼 수도 있다. 다음질문에 대해 생각해보자.

- 학생시절 선생님이나 친구의 주목을 받기 위해 어떻게 했는가? 그들은 당신 모습을 어떻게 설명했는가?
- 오늘날 직장 현실을 생각할 때 당신에게 호의적인 설명인가?
- 두 가지 질문 사이에 큰 차이가 있다면 어떻게 해결해야 할지 생각해보라.

당신 대답을 자화상에 기록하라.

균형을 잡아야 할 오래된 습관을 생각해 봤다면 13장을 읽으면서 지금의 스트레스를 다뤄보자.

13

스트레스의 방향을 바꿔라

스트레스는 종종 강점을 과용하고 맹점지대로 가게 하는 촉매제가 된다. 스트레스에 대처하는 방법이 사람들에게 혼란스러운 메시지를 줄 수 있다.

압박, 긴장, 부담, 염려, 걱정, 정신적 외상 중 어떤 스트레스를 경험하든 이런 감정은 목표 달성을 방해하는 무의식적 행동 패턴을 유도한다. 때로는 지치고 소진하게 만든다. 스스로 쉽게 빠져 나올 수 없을 때까지 그 사실을 깨닫지 못한다. 우리는 스트레스를 관리하고 있다고 믿는다. 하지만 사람들은 달리 생각한다. 엉뚱하고, 산만하며, 지칠 대로 지친 행동은 우리 신뢰도를 떨어뜨린다.

• 지속적으로 스트레스를 점검하지 않으면 융통성 없고, 강점을 과용하며, 맹점을 늘리면서, 일상의 관계를 저해할 수 있다.

- 스트레스를 어떻게 전달하고 건설적으로 배출할지 알면 맹점에서 벗어나 다시 의식적인 선택을 할 수 있다.
- 관계를 강화하는 방식으로 스트레스를 관리할 때 다른 사람의 스트레스 관리도 도울 수 있다.
- 스트레스를 무시하면 인생의 중요한 목적을 약화시킬 수 있다.

오늘날 모든 조직은 스트레스 영향을 받고 있다. 개인과 직장의 에너지와 생산에 영향을 미치는 주요인이다. 성과와 생산성을 위해 삶의 에너지를 얼마나 잘 관리하고 있는지 평가하는 풀 인게이지먼트 인벤토리(Full Engagement Inventory) 설문조사에 9만 명 이상이 응답했다. 응답자 중 65%는 개인적인 에너지 위기가 직장과 가정생활을 위협한다고 했다. 자기 에너지를 효과적으로 관리하는 데서 나오는 자신감과 바전을 이야기한 6%의 비결은 그들의 활동을 개인적인 혹은 직업적인 사명에 연결시키는 시간을 매일 구분하는 능력이었다.

18장에서 자세하게 다룰 당신의 사명 선언문은 인생에서 구체적인 목표 혹은 목적 한 두 가지를 설명하는 간단한 몇 개의 문장을 말한다. 우리가 에너지를 소비해야 하는 중요한 이유를 지속적으로 상기하는 방법이다. 관점과 우선순위를 분명하게 해준다. 모든 사람이 이 교훈을 새길 필요가 있다. 앞장에서 설명한 산타클로스조차 장기적인 미션에 대한 스트레스로 화가 나 있었다.

산타클로스조차 지속적인 압박과 스트레스에 영향을 받는다면 우리들은 어떨까?

맹 점 파 괴 의 기 술

산타도 맹점이 있을까?

요즘 산타에게 무슨 일이 일어나고 있을까? 그의 절친한 친구는 이렇게 말한다. "우리는 산타의 활기 넘치는 모습과 아이들의 소원을 들어주려는 따뜻한 마음을 예상합니다. 하지만 최근 보이는 그의 냉담한 모습은 마치 로봇 같습니다. 소원 목록을 듣기 위해 아이를 무릎에 앉히기는 하지만 경청하는 것 같지는 않습니다. 아이들은 놀라서 나가거나 혼란스러워합니다."

산타의 상황은 오늘날 많은 지도자들에게 일반적인 현상이다. 대부분 늘어난 스트레스를 인지하고 있다. 하지만 스트레스의 대가를 과소평가한다. 이런 맹점을 오래 무시할 경우 사기진작과 동기부여에 심각한 영향을 미칠 수 있다. 산타는 어쩌면 아직도 유쾌한 늙은 요정으로 보여지기를 바랄지 모르지만 사람들은 인기 없는 그린치(Grinch)로 볼지 모르겠다.

어떻게 하면 산타는 다시 유쾌한 노인의 모습을 되찾을 수 있을까? 첫 번째 할 일은 스트레스로 인한 맹점이 성과 높은 사람들에게 흔하다는 점을 인정하는 것이다. 그는 맹점이 어떻게 작용하는지 생각할 시간이 필요하다. 일을 처리하는 방법에 근본적인 변화를 만들어야할 지도 모르겠다. 가장 중요한 것은 인생의 비전과 목표를 지탱하기 위해 에너지를 최선으로 사용하고 있다는 것을 확신하는 일에 시간을 할애하는 것이다. 크리스마스의 분위기가 여기 달려 있다. 산타 클로스 가족이 9월 26일 북극 온천으로 향한다. 자기 사명에 대한 신선한 관점을 회복하는 시간이 되기 바란다. 북극 뉴스가 이 상황을 가까이서 관찰할 것이다!

스트레스를 어떻게 표현하는가?

스트레스를 잘 처리하고 있다고 느낄지 모르지만 그런 경우는 드물다. 계속 스트레스를 받고 있다면 어떤 방식으로든 다른 사람들에게도 나타내고 있다.

일반적인 반응은 너무 조심하고, 보수적이며 신중하게 되는 것이다. 비판을 피하기 위해 결정을 하지 않고 원칙을 그대로 따르려 한다. 병에 담긴 스트레스가 확 불타기까지는 다른 사람의 실수를 용납하는 것처럼 보인다. 동료들은 이런 급작스런 행동 변화에 충격을 받을 지 모른다. 언제 또 혹평을 하게 될지 모르기 때문에 혼란스러울 것이다. 흠 잡히지 않기 위해 발소리를 죽이거나 접촉을 피할 것이다.

또 다른 반응은 다른 사람들에게 화를 내는 것이다. 자기 실수를 다른 사람 탓으로 돌릴지도 모른다. 직접 말해놓고 잊을 수도 있다. 여기에 속한다면 화가 났을 때 다른 사람들에게 미치는 영향력을 과소평가하고 있는 것이다. 누군가에게 관심을 표현했다고 생각하는 반면 다른 사람들은 당신이 '화를 심하게 냈다'고 느낀다. 사람들은 당신을 사나운 사람으로 평가할 것이다.

세 번째는 두 가지 반응 사이를 오가는 것이다. 프로젝트나 사람에 대해 처음에는 열정적이다가 갑자기 실망한다. 이처럼 뒤섞인 혹은 변화하는 신호를 주고 있다면 사람들은 당신을 피하려 하거나 함께 일하고 싶어 하지 않는다. 이것은 접촉하는 모든 사람들에게 스트레스를 증폭시킨다.

이런 반응은 당신 행동을 인지하지 못하게 하는 맹점과 관련되어

 맹점파괴의 기술

있다. 무의식적으로 어떤 패턴으로 스트레스를 표출하더라도 이를 수정할 방법은 있다.

:: 스트레스의 고리

스트레스를 효과적으로 관리하지 않을 때 더 큰 스트레스를 유발한다. 무의식적으로 다른 사람들에게 스트레스를 표출할 때 그들은 피할 방법을 생각한다. 이것은 생산성을 낮추고 효율성을 떨어뜨리며 스트레스는 증가시킨다. 일이 쌓일수록 더 열심히 오래 일한다. 운동이나 친구 만남 같은 스트레스 해소 시간이 없다. 점점 피곤해지고, 비참해지며, 스스로 만든 상자에서 탈출할 길이 없다고 느낀다. 함께 일하는 사람들 역시 좌절감을 느끼고 사기가 저하된다.

당신의 맹점 360을 검토하면 스트레스 관리에 대해 사람들이 어떻게 생각하는지 좀더 알 수 있다. 다른 사람들이 관계 속에서 이런 스트레스와 관련된 행동을 파악하는지 알아보라.

- 작은 일에 혹평하고 화를 낸다.
- 지나치게 조심하고 안달한다.
- 감정기복이 심하다 – 한 순간에 흥분하고 금세 풀어진다.
- 기뻐할 줄 모른다.
- 다른 사람들에게 스트레스를 준다.

이런 정보는 당신이 스트레스를 관리하는 행동양식이 다른 사람들에게 어떻게 보여지는지 알게 해준다. 당신이 스트레스를 어떻게 표출하든 그것을 효과적으로 관리할 수 있는 세 가지 방법이 있다.

당신의 스트레스 관리법

1. 강점을 파악하라: 단점 보다는 진짜 강점에 집중함으로써 자신감을 높여라.
2. 휴식 시간을 늘여라: 하고 있는 일을 더 잘 할 방법을 찾아보라.
3. 에너지 균형을 찾아라: 에너지를 사용하고, 고갈시키고, 보급하는 방법과 시기를 재검토하라.

1단계: 강점을 파악하라

강점을 파악하는 것은 자신감에 도움이 될 뿐만 아니라 스트레스도 감소시킬 수 있다. 당신의 강점 선언문은 무엇인가? 아직 써본 적이 없다면 지금 잠시 생각해보라. 예를 들면, 11장에서 모니카가 만들었던 것과 같다.

현명한 선택을 위해 다른 사람들의 신뢰 가능성을 늘 확인하고 나 자신의 판단을 철저히 따진다. 이것이 나의 본능적인 강점이다.

모니카는 이 문장을 보는 순간 걱정하지 않고 중립을 찾을 수 있었다. 자신과 다른 사람들을 개인적으로 판단하지 않을 수 있는 정신적

맹점파괴의 기술

중립 공간으로 이동하는 것이다. 잠시 멈추고 자신의 행동을 숙고해볼 수 있다. 판단을 주저할 때는 내면에 의지했다. "모니카, 자신을 믿어. 이 상황에서는 직감이면 충분해. 본능적인 강점을 의심하지 마."

모니카처럼 당신도 강점에 대해 자신감을 느낄 필요가 있다. 내면의 두 목소리를 구별하라. 하나는 염려, 두려움, 불확실성이다. 자신과 다른 사람을 의심하는 맹점으로 인도한다. 괴로움과 함께 작아진 느낌이 든다. 이런 상태에서 스트레스 지대로 자신을 몰아가면서 문제 삼을 필요가 없다.

또 다른 목소리는 본능적인 강점에서 나온다. 당신이 하고 있는 일의 옳고 그름을 판단하기 위해 이 목소리를 들어 보라. 내면의 강점을 자극하는 누적된 감정 정보는 경험에서 나온다. 사실에 반해 느껴지는 본능적인 감정을 확인하고 어떤 행동을 할지 신속하게 결정하라. 확실한 스트레스 제조기 몇 가지를 기억해 두면 좋다. 완벽주의이다. 같은 일을 반복하지 않도록 하라. 결정을 미루거나 연기하지 말라. 다른 행동을 해야겠다는 생각이 강력하지 않으면 직감으로 추진하라.

강점을 진지하게 받아들이고 실습하라. 종종 강점 선언문을 꺼내 읽어라. 탁상시계나 달력 같이 잘 보이는 곳에 두라. 때로는 본능적인 반응이 최선의 선택이 아닐 수도 있다. 하지만 괜찮다. 어떤 결정이든 완벽하지 않을 수 있지만 결정을 번복하고 의심하기 보다는 신속하게 결정하는 편이 훨씬 유리하다. 함께 일하는 사람들은 당신이 보여 주는 일관성을 인지하고 완벽주의자가 아니라는 것을 깨달을 것이다. 이제 강점확보의 2단계로 가 보자.

2단계 : 휴식시간을 늘이라

마음을 비울 때 휴식할 수 있다. 마음이 가득 차 있다면 문제가 있다. 최고가 되어야 하고 처리해야 할 수백 개 프로젝트와 계약이 있다. 이런 정신노동은 많은 경우 의식 수준에서 일어나지만 마음은 이와 상관없이 움직인다. 마치 컴퓨터의 메모리 같다. 컴퓨터는 문서를 작성하는 동안 바이러스를 찾아내고 이메일 서버와도 교신하고 보안 절차도 수행한다. 유사하게 두뇌도 세탁기 속의 세탁물부터 오페라 티켓, 마무리 할 프로젝트 등 당신이 끝내지 않은 일을 계속 한다.

《끝도 없는 일 깔끔하게 해치우기 *Getting Things Done*》의 저자이자 컨설턴트인 데이비드 알렌(David Allen)은 생산성이 휴식 능력과 정비례한다고 믿는다. 휴식은 머리가 맑고 생각이 정리될 때 가능하다.

머릿속에 떠다니는 생각을 관리 시스템으로 이동시켜라

생각할 일이 있으면 정신적 메모리에 보관된다. 실제 생산성은 끝나지 않은 일을 처리하는 정도로 측정하기 때문에 언제든 다시 생각하고 정리할 수 있다. 이처럼 확실한 관리 시스템은 노력이 필요하지만 바라는 결과를 달성하기 위해 가장 중요한 것은 집중을 위해 정신을 자유롭게 해주는 것이다.

시간 관리와 달력 관리가 통제와 휴식을 선택하는 방법이던 때도 있었다. 하지만 이제는 시시각각 하루 계획을 재정렬시키는 전자메일, 음성메일 등 쏟아지는 업무 양을 다루기에 역부족이다. 이 모든 것을 관리하기 위해서는 포괄적 관리 시스템이 필요하다.

맹점파괴의 기술

이 모든 업무를 다시 꺼내 볼 수 있는 관리 시스템에 넣을 때까지 우리 생각은 쉬지 못한다. 그것은 전자메일, 음성메일, 컴퓨터, 폴더 정리 시스템 같은 모든 접근법을 조정한 통합 시스템이어야 한다. 모든 요청에 대해 적절한 시기에 다시 꺼내 볼 방법을 알고 머릿속에서 지워버릴 수 있어야 한다.

알렌은 단순한 결과 중심 사고를 하고 있었다. 체크리스트 순서대로 생각하기 보다는 원하는 결과를 위해 중요한 다음 단계가 무엇인지 생각해야 한다. 그런 다음 중요한 결과에 따라 우선순위를 세워야 한다.

아직 개별 프로젝트를 보는 방식으로 일하고 있다면 관점을 재고할 필요가 있다. 스트레스를 줄이려면 당장 할 것을 결정하기 위해 각 프로젝트 내부는 물론 모든 프로젝트를 동시에 볼 필요가 있다. 이 결정을 하고 나면 전체 관리 시스템과 연결된 컴퓨터 로그(Computer log, 입출력 정보 등을 기록한 데이터)와 같은 방식으로 기록을 해야 한다. 무엇이든 기록해야 머릿속에서 지우고 휴식할 수 있다.

하루 중 어떤 결과가 가장 중요한지 검토하고 활동을 재조정하라. 결정 순간마다 관리 시스템에 원하는 결과를 기록하라. 어떤 관리 시스템을 사용하더라도 머릿속 업무를 시스템으로 옮기는 법을 배우고 느긋한 느낌을 가질 때 통제력을 가질 수 있다.

전체 프로젝트를 생각하는 일은 그만두고 다음 2시간, 다음 달, 인생 전체에서 가장 중요한 결과에 집중하라. 우선순위 재조정을 위해 정기적으로 검토할 수 있는 관리 시스템으로 머릿속 모든 업무를 옮겨라. 당장 중요하지 않은 것은 다음 기회로 미루고 관리 시스템에 보관하라. 그래야 당신 평화를 방해하지 않을 것이다.

일상적인 일에 대해 의심하는 일은 허용하지 말라. 성공에 집중하라는 맹점파악의 세 번째 원칙을 기억하라. 본능적인 강점의 힘과 자신감을 느끼는 업무 관리 방식을 통해 가장 중요한 성과에 대한 결정을 내려라.

지속적인 책임감을 느끼다 모든 것을 머릿속에서 지우고 컴퓨터 로그로 이동시키면 통제력을 가진 느낌이 들 수 있다. 자유로운 정신이야 말로 장기적으로 통제력과 휴식을 얻는 유일한 방법이다.

기준을 재고하라

휴식 시간을 찾기 위해서는 기준에 대한 당신 철학을 재고해야 한다. '할 가치가 있는 것은 잘 할 가치가 있다'라고 훈련 받은 경우가 그렇다. 높은 기준도 중요하지만 일의 양에 따라 높은 기준을 달성하지 못할 수도 있다. 시간 관리로는 이 문제를 풀 수 없다. 완벽이 아니라 수용할만한 수준으로 생각하고 거기에 초점과 관심을 두어야 한다.

관리 시스템의 모든 결과물은 그 순간 어떤 행동을 요구한다. 예를 들면 다음과 같다.

- 어떤 활동은 다음 기한까지 미루거나 연기할 수 있다.
- 다른 활동은 위임하거나 옮길 수 있다.
- 어떤 일은 당신 관심을 요구한다.
- 어떤 프로젝트의 경우 추가 정보 없이 결과만 알면 된다.
- 당신 관심을 필요로 하는 사람들도 있다.

맹점파괴의 기술

선택의 폭을 넓히라. 어떤 일은 높은 기준을 요구하지만 업무에 따라 적절히 수용하는 방법도 배워야 한다.

3단계 : 에너지 균형

세 번째 시야확보 전략은 스트레스를 감소하기 위해 에너지의 균형을 잡는 것이다.

《몸과 영혼의 에너지 발전소 *The Power of Full Engagement*》라는 책에서, 짐 로허(Jim Loehr)와 토니 슈워츠(Tony Schwartz)는 개인적 에너지를 최대로 사용하는 효과에 대한 이론을 개발했다. 그들은 스트레스 관리의 열쇠가 시간 관리가 아니라 에너지 관리라고 믿고 있다. 그들이 조사한 9만 명 가운데 에너지를 생산적으로 사용하고 있는 6%는 매일 그들의 활동이 개인 사명과 직업적 사명에 연결되었는지 확인하는 시간을 갖는다.

사명과 "동 떨어졌다"고 응답한 65%에 속한다면 운동, 휴식, 회복이 부족할 것이다. 개인적 사명을 무시할 수도 있다. 충분히 잠을 자고 운동을 하면 스트레스는 훨씬 줄어든다. 사명감이 있으면 에너지를 완전하게 사용할 수 있다.

강점에 집중하고 성과에 따라 우선순위를 정하고 소중한 성과를 달성하기 위해 에너지를 사용하라. 다른 활동에 앞서 운동 시간과 잠잘 시간을 계획하라. 점진적 변화가 필요할지 모른다. 단계를 밟아 나가라. 일주일에 한 번 운동을 하라. 두 달쯤 지나면 일주일에 두 번으로 늘려라. 더 숙면을 취할 수 있다.

스트레스를 받는 오래된 습관을 버리는 것은 점진적 변화를 필요로 한다. 관리 시스템을 통해 업무에 변화를 계획하라. 잠들기 전 5분간 강점을 효과적으로 사용했는지 오래된 습관으로 돌아갔는지 검토하라. 수면과 운동 패턴도 주시하라.

결과 추적

일주일에 한 번 첫 번째 맹점수정계획을 검토하라. 스트레스 수준을 차트나 일기로 기록하라. 사람들에게 스트레스 관리 방법에서 변화를 목격했는지 물어보라. 과거에는 어떻게 느꼈고 지금은 어떠한가? 그 밖에 무엇을 더 할 수 있을까? 목표를 솔직히 말하고 그들의 반응을 경청하라.

시간이 지나면서 천천히 스트레스가 줄어들 것이다. 가장 소중한 우선순위에 대해 생각할 시간을 5분씩 갖는다면 지속적으로 무엇이 소중한지 인식할 것이다. 활동이 아닌 성과를 중심으로 생각하기 시작할 것이다. 항상 긴장하거나 안달하는 대신 차분하고 몰입하는 느낌이 들 것이다.

개인적인 성장을 경험하는 중요한 시기다. 자기 의심에서 벗어나 스스로 편안하게 느끼면서 자신감도 상승한다. 스트레스를 배출하고 관리 시스템으로 이동하는 법을 배우는 것이다. 동료들과 새로운 수준의 신뢰감을 경험할 수 있다. 생활뿐만 아니라 직장에서 새로운 가능성을 보게 될 것이다.

14장에 들어가기 전 스트레스를 줄이기 위한 맹점수정계획에서 세

 맹점파괴의 기술

운 전략을 복습하자.

- 신속한 의사결정을 위한 본능적 강점을 알고 있는가?
- 모든 필요를 머릿속에서 지우고 휴식할 수 있게 해주는 관리 시스템을 갖고 있는가?
- 충분한 휴식과 운동을 통해 하는 일이 개인 사명과 일치되는가를 매일 확인하고 에너지를 효율적으로 사용하고 있는가?

기분을 전환하고 스트레스를 줄이기 위해 어떤 단계가 중요한지 생각해 보라. 이것을 각 장에서 발전시켜가고 있는 자화상에 추가하라.

스트레스를 통제하면 14장을 통해 사람들에게 무엇을 어떻게 전달할지 생각할 준비가 되었다.

14

고장난 레이더를 수리하라

레이더가 움직이지 않으면 다른 사람의 감정에 적절하게 대응하지 못해 소통에 어려움을 겪는다. 이런 맹점은 성공 가능성을 줄이는 부정적 반응을 일으킨다. 좋은 의도를 가지고 메시지 전달을 하고 있다고 생각하지만 무언의 단서가 모순적일 때 그렇다.

- 모순되는 무언의 단서를 볼 때 신뢰를 잃는다.
- 상충되는 무언의 신호를 전달할 때 역할이나 지위와 상관없이 영향력을 잃는다.
- 모순은 신뢰를 심각하게 저해할 수 있다.

레이더는 관계의 양측에서 작동한다. 내가 보내는 무언의 신호도 의식해야 하지만 다른 사람들이 전달하는 무언의 신호도 인지해야 한다. 내 레이더는 영향력을 해석하고 전달한다.

영향력은 업무상 권력과 마찬가지이다. 비즈니스 환경이 정보 속도를 따라 변화할수록 조직은 더욱 탄력적이다. 권력은 지위나 역할을 통해서뿐만 아니라 관계성과 상황에 대한 영향력으로도 발휘된다.

이런 환경에서 성공하기 위해서는 신속하게 관계를 구축하고 자연스럽게 팀을 움직여야 한다. 빨리 신뢰를 쌓고 다른 사람을 동기 부여하는 사람은 성공할 준비가 되었다. 항상 레이더를 조율하고 사람과 어울리는 방법을 알기 때문이다.

영향력의 중요성

사람을 움직이는 능력은 예전부터 중요하게 인식되었다. 1937년 데일 카네기(Dale Carnegie)가 《인간관계론 *How to Win Friends and Influence People*》을 처음 출간했을 때 이 책이 그토록 많이 팔릴 줄 몰랐다. 하지만 대중의 마음을 사로잡아 대성공을 이루었다. 실제 카네기의 영향력 기술은 지금도 유효하다. (1)비판하고 비난하고 불평하지 말라, (2)정직하고 진실하게 인정하라, (3)상대의 간절한 소망을 자극하라.

21세기에도 영향력이란 주제는 계속 주목을 받고 있다. 로버트 쿠퍼(Robert Cooper)와 에이맨 사와프(Ayman Sawaf)는 《중역의 EQ *Executive EQ*》라는 책에서 비즈니스 리더들이 계획과 성과를 강조하는 것에서 책임과 사명을 공유하는 것으로 변화하고 있다고 말했다. 새로운 리더는 영향력으로 리더십을 포용하고 다른 사람에게 동기 부여하는 역할을 하고 있다.

동조(同調, resonance)는 무의식적으로 한 사람의 감정이 다른 사람에게 전달되는 것을 말한다. 우울한 사람과 이야기 할 때 덩달아 우울해지고 열정적인 사람과 있으면 같이 행복해지는 것이 그 때문이다. 부정적인 사람들과는 같은 공간에 있는 것만으로 기운이 빠진다.

이런 현상을 연쇄 감소 효과(chain damping effect)라 부른다. 어떤 문제를 옆 사람에게 전달하면서 누군가 기가 꺾일 때까지 계속 전달되는 것을 말한다. 결과는 정서적 피곤함이다. 열정의 전염 가치를 이해하고 있는 지도자는 이와 반대이다. 그들은 누군가 주도적이고 책임질 준비가 될 때까지 즐거운 태도, 회복력, 적응력이라는 긍정적 정서를 퍼뜨린다.

다니엘 골먼은 《감성의 리더십 *Primal Leadership*》에서 수백 개 회사를 연구하고 긍정적인 업무 환경에서 이직률이 줄고 고객만족도가 높으며 이윤이 높다는 것을 발견했다.

뛰어난 리더들은 공유된 사명과 감성적 능력을 결합해 긍정적 감정을 발산함으로써 영향력을 확장시킨다. 그들은 이야기로 전달한다. 사람들은 이야기의 힘을 느끼고 반응한다. 이런 리더들은 이야기 속에서 목소리 톤, 몸 동작, 얼굴 표정, 그 외 작은 세부사항을 포함한 무언의 단서에 민감하다.

리차드 보이애치스(Richard Boyatzis)와 애니 맥키(Annie McKee)는 《공감리더십 *Resonant Leadership*》에서 공감하는 리더들은 직관적으로 이해하고 감성지능을 발휘한다고 얘기한다. 자신의 감정을 이해하고

  맹점파괴의 기술

다른 사람의 감정에 공감한다. 스트레스를 관리할 수 있으며 일할 능력을 저해할 정도로 에너지를 소진하지 않는다.

당신은 어떻게 공감하는가?

사람들은 대부분 무언의 신호를 읽는다. 다른 사람보다 이런 감성적 정보를 더 잘 읽는 사람들이 있다. 두 종류의 사람이 있다.

첫째 집단은 다른 사람의 감정에 무관심한 사람들이다. 종종 의사소통이 안 되고 진심을 나누려 하지 않는다. 수줍은 경우도 있지만 항상 그런 것은 아니다. 분석적 기술사용을 좋아하지만 감성적 정보를 해석하는 기술은 개발하지 않는다. 혼자 있길 좋아하는 사람들이 많다. 이런 사람도 연습을 하면 공감 기술을 개발할 수 있다.

둘째 집단은 마음을 잘 읽고 극도로 민감하다. 문제는 자기감정에 지나치게 민감하다는 것이다. 생각하고 느끼는 기술을 균형 잡힌 방식으로 사용하지 않기 때문에 감정을 지나치게 발산한다. 이런 일이 발생하면 다른 사람의 감정을 읽기 보다는 자기감정을 다른 사람들에게 투영하기 시작한다.

두 집단 모두 공통의 문제가 있다. 두뇌의 분석적 측면과 정서적 측면을 통합해 사용하고 않는 것이다. 주고받는 공감능력을 제대로 이해하지 못한다.

그간 학교 교육은 정서 지능보다는 인지 기술 개발에 치우쳐 있었다. 하지만 최근 발표되고 있는 두뇌 연구 결과를 통해 양쪽 두뇌 훈련의 중요성을 점점 실감하고 있다.

무언의 단서를 이해하기 위해 레이더를 조준하는 것은 관계 구축에 중요한 기술이다. 무언의 커뮤니케이션을 인지하고 정서적 정보를 처리하는 측면에 맹점이 있다면 이 기술을 발전시킬 필요가 있다. 여기 도움이 될 만한 계획이 있다.

당신의 맹점수정계획

1. 사람을 알기 위해 비공식적으로 만나는 기회를 만들 것.
2. 사람의 감정과 동기를 이해하는 질문을 하라.
3. 사람들에게 동기 부여하는 환경을 만들기 위해 정서적으로 감화를 줄 수 있는 이야기를 할 것.

처음에는 어색할지 모른다. 그래도 지속하면 몇 주 안에 훨씬 자연스러워질 것이다.

사람을 알게 되는 비공식적인 방법

프로젝트와 마감기한에 대한 이야기 외에 사람을 알게 되는 것이 중요하다. 이런 적이 없다면 하루 15분을 목표로 돌아다니며 2분씩 짧은 잡담을 하라. 잘 된 일에 대해 감사하거나 개인적 안부를 물을 수도 있다. 심각한 이야기를 할 필요는 없다. 친절하게 다른 사람에

맹점파괴의 기술

게 관심이 있다는 것을 보여주는 기회를 만들면 된다. 해 본 적이 없다면 어색하겠지만 시간이 지나면서 자연스러워질 것이다. 어쩌면 이 시간을 고대할 지도 모른다.

함께 일하는 사람들을 알기 위해 정기적이고, 비공식적이며, 개인적인 점심 식사를 계획하라. 점심 식사는 프로젝트를 논의하지 않고도 친해질 수 있는 시간이다. 서로의 관심사에 대해 언제라도 전화할 수 있는 편안한 관계가 될 수도 있다.

스타일이 다른 사람들과도 함께 일하도록 노력하라. 다른 관점을 제공할 것이다. 이런 접근 방식은 사람의 감정과 일에 대한 동기를 이해하기 위해 질문할 시간을 준다.

부정적인 피드백을 주는 것으로 알려진 사람이라면 프로젝트를 검토하면서 균형 잡힌 평가를 얻을 수 있도록 해야 한다. 잘 되고 있는 것에 대해 물어 본 다음, 개선이 필요한 것도 물어보라. 피드백을 줄 때도 같은 방식으로, 항상 긍정적인 것부터 시작하라. 칭찬과 비판을 통해 보다 균형 잡힌 그림을 그릴 수 있다. 칭찬과 비판이 다른 사람의 동기에 어떤 영향을 미치는지 관찰 할 수도 있다.

정서적 효과로 이야기를 구체화하라

이야기는 정서적 정보를 쉽게 전달하기 때문에 공감대를 형성하는 멋진 방법이다.

긍정적 성과에 대한 동기를 부여하는 스스로의 성공 사례를 생각해보라. 이런 이야기를 하면서 즐거운 분위기를 만들라. 목표는 청중의 분석적이고 정서적인 두뇌 양쪽을 자극하는 것이다.

이야기는 심각한 대화 속에 편안한 휴식을 줄 수 있다. 함께 일하는 사람들이 얼마나 스트레스를 느끼는지 알게 해준다. 사람들이 지쳤을 때 이야기는 그들을 차분하고 조용하게 만든다. 어려운 문제를 논의할 때도 건설적인 분위기를 조성한다.

의사결정이 사람들에게 미치는 영향력에 특히 관심 갖는 사람들을 주목하라. 이런 사람들이 느끼는 감정에 대해 질문하라. 그들의 감정에 대한 관심을 표현할 수 있을 뿐 아니라 미처 생각하지 못했던 프로젝트의 강점과 취약점에 대해 배울 수 있다.

이처럼 정서적 영역에서 기술을 쌓는 것이 어색하게 느껴질 수도 있다. 시도해 본 적이 없기 때문이다. 다각적으로 사람들에게 접근하고 이야기를 해보면 새로운 접근법을 사용하는 기술을 발견하게 될 것이다.

다른 스타일을 가진 사람들을 경험하고 동기를 이해할 때 당신의 레이더 조준 능력을 개발할 수 있다. 스스로 동기부여도 높이고 이런 교훈을 배우도록 다른 사람을 지도할 수 있다.

에너지, 강점, 공감을 연결하기

공감대를 잘 형성하고 느낌을 잘 주고받는 것이 중요하다. 긴장하고 에너지가 낮을수록 정서적 정보와 공감대를 처리하는 감각(수용)

기관이 부족하다. 이것은 생산성과 판단력 궁극적으로 성공을 저해한다.

캘리포니아 주립대학교(California State University) 교수 로버트 테이어(Robert Thayer)는 에너지 상태를 네 가지로 분류했다. 이 중 두 가지는 강점 유도 능력을 감소시킬 수 있다.

강점을 무너뜨리는 두 가지 상태는 긴장된 에너지(tense-energy)와 긴장된 피곤함(tense-tired)이다. 긴장된 에너지를 느낄 때는 흥분되고 강력해진 느낌이며 목표를 달성하기 위해 박차를 가한다. 하지만 시간이 흐를수록 다른 사람의 중요성을 인식하고 프로젝트에 귀를 기울이는 능력이 줄어들면서 에너지는 소진된다. 이와 대조적으로 긴장된 피곤함을 느낄 때는 힘들지만 휴식을 취하거나 잠을 잘 수 없다. 불면증이나 지속되고 우울증이 되기도 한다.

강점을 일으키는 상태는 평온한 에너지(calm-energy)와 평온한 피곤함(calm-tired)이다. 평온한 에너지를 느낄 때는 침착하고 평화롭다. 중립으로 쉽게 이동할 수 있고 강점을 어떻게 사용할지 선택할 수 있다. 이 상태에서는 긴장감 없이 많은 일을 할 수 있기 때문에 바쁜 중에는 별로 경험하지 못한다. 평온한 피곤함은 어려운 업무에서 서서히 풀려나는 즐거운 상태다. 마음은 긴장과 문제에서 해방된다.

평온하고 에너지가 넘칠 때 공감의 효과를 인지할 수 있는 최적의 상태이다. 다른 사람들에게 잘 맞출 수 있다. 맹점을 파악하고 강점 사용 방법을 선택할 수 있는 최선의 상태이기도 하다.

어떻게 공감할 것인가?

당신의 존재와 커뮤니케이션 방식으로 어떤 공감 형태를 전달하는지 알고 있는가? 사람들의 공감대를 어떻게 경험하고 있는가?

공감은 내부에 존재한다. 그것은 스스로 만들어 내는 감정 혹은 에너지이다. 자신감 삼각형에서 보았듯이 강점에 에너지를 더하는 감정이 공감이다. 자신의 가치에 몰입하게 해준다. 스스로 경험하는 정서적 분위기가 우리의 존재감을 형성한다.

15장에 들어가기 전 당신의 공감대를 생각해보라. 강력하고 폭발적이거나 조용하고 차분할 수 있다. 주로 어떤 상태인가? 어떤 것을 경험하든 다른 사람이 경험하는 당신 존재에 대해 몇 단어 혹은 문장으로 표현해보라. 그 경험의 힘은 무엇인가? 대답을 자화상에 기록하라.

맹점파괴의 기술

15

호감의 기술을 습득하라

감정적 소통을 통해 다른 사람에게 우리 존재를 알린다면 대화는 관계에 참여시켜준다. 로저먼드 잰더(Rosamund Stone Zander)와 벤자민 잰더(Benjamin Zander)는 《가능성의 세계로 나아가라*The Art of Possibility*》라는 책에서 기록하는 행위는 "다른 사람들과 함께 할 기회의 섬광을 일으키는 기술이자 행위"라고 말했다. 이 불꽃을 일으킬 때 다른 사람을 참여시키는 방식으로 관계를 맺을 수 있다. 공동 사명을 위해 자신의 강점을 활용하도록 격려 받으며 다른 사람들이 우리 노력에 동참할 것을 의심하지 않는다.

그러나 때론 가능성의 세계가 아닌 한계의 세계에 빠질 수 있다. 이런 맹점은 자신과 다른 사람들의 한계를 보게 만든다. 다른 사람과 연결되지 못하고 자신과 사람의 의도를 잘못 받아들일 수 있다.

- 애기를 들어 달라는 호소를 지나치게 혹은 너무 약하게 전달한다.
- 스트레스를 느낄 때는 계속 말하고 듣지 않거나 혼자 물러나 잠시 대화를 하지 않는다.
- 접근 불가능한 사람으로 보인다.
- 사람들을 대화에 참여시키지 못하고 일방적으로 이야기한다.
- 존재하지도 않는 우리의 가능성과 견해에 대해 다른 사람들은 저항한다.
- 다른 사람들의 공헌을 인정하지 않고 우리 자신의 필요만 본다.
- 강점을 존중하고 새로운 기회를 줄 새로운 사람들을 만나지 않고 도망친다.

이런 맹점을 갖고 일하면 스스로를 제한할 뿐 아니라 관계, 인맥, 사람들과 연결하는 능력까지 잃게 된다.

대화가 열리면 관계를 맺을 수 있는 상호작용을 일어난다. 팀원에게 목표를 설명하는 상사, 함께 할 프로젝트를 생각하고 동료에게 접근하는 사람, 일자리를 위해 인맥을 쌓으려는 사람이 이에 해당한다. 복잡한 주제에 대한 긴 토론 또는 화제에 대한 짧은 대화가 될 수도 있다. 연결은 정보를 공유하는 것 이상이다. 우리 자신을 상호 작용에 포함시키는 행동이다.

맹점은 다른 사람과 연결되는 것을 막는 태도, 감정, 행동이다. 연결되려면 현재 상황 속에 자신을 불러들일 수 있어야 한다. 맹점은 감정에 의해 신체적 스트레스, 이탈, 함정에 갇혀 사고의 가능성을 무시할 수 있다.

　　맹점 파괴의 기술

연결되어야 연결 필요성에 대한 선명한 시야를 얻는다. 늘 동의하거나 모든 토론에서 공동의 사명을 논의하자는 것은 아니다. 하지만 선입관 없이 다른 사람의 생각을 경청하고 우리관점을 제안할 수 있어야 한다.

워렌을 만난 후 연결의 의미를 이해할 수 있었다.

매력 있는 워렌

리더와의 경험을 생각할 때마다 금융회사 CEO였던 워렌이 기억난다. 50세인 그는 영업사원으로 출발해 30년 동안 이 회사를 위해 일했다. 그는 직접 부딪힌 경험을 통해 사업 전략을 세웠다. 회사 실적은 업계 최고였다.

워렌은 매력적인 사람이다. 자기가 무엇을 하고 있는지 전부 알려주는 데서 나오는 에너지가 있었다. 함께 일하는 사람들에게 관심을 갖고 그들의 성장을 위해 헌신했다. 워렌과 회사를 거닐 때면 조직 내 여러 직급 사람들과 이야기하려 애를 썼다. 그들의 일과 삶의 작은 일까지 알고 있었다.

사업에 관해 대화할 때 그는 열심히 듣고 진지하게 자기 관점을 말했다. 그는 내 발언이 중요하다고 느끼게 만들었다. 지지하는 것과 그렇지 않은 것을 명확히 했다. 워렌은 연결의 특징을 이렇게 보여주었다.

- 접근해 말을 걸고 싶게끔 행동했다. 정신적으로 정서적으로 존재를 드러내고 공유하려고 애를 썼다. 관대하고 신뢰할 만 했다.
- 토의에 참여한다. 정보를 분명히 전달하고 내가 하는 말을 경청하며 문제점과 우려 사항에 대해 열린 토론을 하도록 격려했다. 확신 있는 견해를 보이고 분명한 피드백을 제공했다.
- 다른 사람의 공헌을 인정했다. 내가 무엇을 잘하고 잘못했는지 토의할 것을 장려하고 공을 나누었다. 내 가치를 이해한다는 메시지를 전달했다.
- 판단하지 않고 의견 차이를 인정했다. 관점이 다른 부분을 인정하고 납득할만한 정보가 있으면 마음을 바꾸고 갈등을 해결하고자 했다. 하지만 자기 의견을 확신하면 밀어붙였다.
- 일반적인 상식이 많다. 많은 사람을 알고 있으며 인맥을 넓혔다. 지위에 상관없이 사람을 존중한다. 실수에 대해서는 책임진다.

워렌은 신중하게 단어를 선택했다. 돈 미구엘 루이즈(Don Miguel Ruiz)는 〈결점 없이 말하기*Speak With Impeccability*〉라는 글에서 성공한 사람들은 의식적으로 생각하고 말하는 언어의 도사라고 얘기했다. 그들은 관계를 맺고 꿈을 꿀 때 단어를 신중하게 선택한다. 언어를 의식할 때 온전하게 말할 수 있다.

워렌과의 만남은 새로운 동기 부여의 기회가 되었다. 물론 완벽한 사람은 없고 그도 우울한 날과 스트레스 넘치는 순간이 있었지만 워렌과의 만남을 통해 내 공헌과 생각을 존중하는 균형 있고 개방적이며 믿을 만한 사람이라는 것을 알았다. 그는 분명 연결을 이룬 사람이다.

맹점파괴의 기술

단절의 특성

맹점을 키우면 사용 언어와 그것이 다른 사람에게 미치는 영향을 보지 못한다. 관계의 본질도 놓친다. 연결점이 줄어들면 길을 잃게 된다. 단절은 다음과 같은 경우에 나타난다.

- 접근하기 어려워 보인다. 접근할 수 없고 신뢰할 수 없으며 불편해 보이는 사람은 우리가 말하는 것에 관심이 없다.
- 참여하지 않는다. 분명히 말하지 않고 다른 사람의 말을 경청하지 않으며, 유용한 피드백도 제공하지 않을 때 설득력 있는 의견 또한 내놓지 못한다.
- 다른 사람의 공헌을 무시한다. 다른 사람의 공을 가로채고 그들이 한 일이 얼마나 가치 있는지 알리지 않는다.
- 판정하고 갈등을 일으킨다. 다른 사람을 판단하고 문제를 일으키는 것은 갈등과 단절을 유발한다.
- 사회적인 기술이 부족하다. 어리다는 이유로 다가가지 않고 이해하려 하지 않고 책임을 전가한다. 이런 행동은 관계를 파괴한다.

때로 사람들과의 연결을 제한하기도 한다. 시간이나 자원이 없기 때문이다. 하지만 많은 경우 자신과 타인에 대한 자기 관점이 막혀 있어 연결되지 못한다.

맹점 360은 연결이 막힌 곳을 파악할 때 유용하다. 개선할 구체적 행동을 보기 시작하면 그 행동에 대한 맹점수정계획을 쉽게 개발할 수 있다.

마이클은 15년의 경험과 지식, 전문기술을 자랑하는 엔지니어팀장이다. 하지만 그는 접근하기 어려운 사람이다. 그는 주로 사람들의 부족한 점을 지적한다. 높은 기준을 유지하는 것이 자기 책임이라 생각한다. 자신이 가장 잘 안다는 것을 보이기 위해 사람들의 기여를 평가절하하며 높은 수준만을 요구한다.

마이클은 연결의 특성 세 가지를 무시해 팀과 단절되고 있다. (1) 접근하기 어렵다, (2)팀원들의 공헌을 무시한다, (3)판단하려 한다.

마이클처럼 맹점 360을 통해 단절 부분을 파악할 수 있다. 파악 후 목표 달성을 위해 맹점수정계획을 세우라.

때로 누군가와 단절되는 것이 당신만의 잘못은 아니다. 다른 사람이 단절의 이유가 될 수도 있다. 하지만 연결되기 위해서는 당신이 주도해야 한다. 상사가 너무 많은 스트레스를 받고 있어 단절 상태에 있던 캐시가 그랬다. 캐시는 상사와 자신의 문제를 해결하기 위해 단절을 일으키는 스트레스를 없애기로 했다. 결과는 캐시와 상사 모두에게 긍정적이었다.

상사의 연결을 도운 캐시

캐시는 스트레스를 느끼지 않고 관리하는, 목표중심의 사회적 상호작용을 즐기는 여성이다. 따뜻하고, 친절하며, 외향적이고, 열정적인 캐시는 직장에서 재미있게 지내는 것을 좋아한다. 건설회사 디자인 팀장으로서 열 명을 감독하고 상사 한 명에게 보고를 한다. 그녀는 경쟁과 성과중심의 업무를 선호한다. 나는 그녀가 상사와의 커뮤니케이션 개선을 위해 결심했을 때 만나게 되었다.

문제는 이랬다. 진지한 스타일의 상사는 그녀의 관리 방법을 불편하게 생각했다. 그는 세부적인 것에 연연해하고 늘 프로젝트의 중심에 있어 싶어 했다. 상사는 캐시가 너무 안이하게 일하고 있다고 생각한다. 사소한 정보를 얻기 위해 계속 그녀를 불렀고 미세한 변화를 모르면 스트레스를 받는 것 같았다. 그 때문에 캐시는 하던 일을 멈추고 상황 파악을 해야 했다. 그녀는 무엇을 잘못하고 있는지 도움을 요청했다.

상사가 초조한 이유를 이해하기 위해 캐시는 맹점 360을 작성하도록 도와달라고 했다. 그 결과 그에게 통하지 않는 것이 무엇인지 솔직하게 이야기할 수 있었다.

상사는 종종 캐시가

- 관대하고
- 갈등을 해결하고

- 많은 사람들을 잘 안다

  고 본다.

상사는 캐시가 거의

- 정보를 명확하게 전달하지 않고
- 하는 말을 경청하지 않으며
- 긍정적이고 부정적인 피드백을 환영하지 않고
- 프로젝트나 관심사에 대해 열린 토론을 조장하지 않는다

  고 생각한다.

이 결과 캐시는 상사가 충분한 정보를 못 받고 있다고 느끼는 것으로 생각했다. 그는 캐시가 나쁜 소식을 제대로 전달하지 않는다고 생각했다. 그래서 세부 사항을 계속 확인했다. 그녀는 신뢰받지 못하고 통제받는다는 생각이 들었다. 지속적인 정보 요청은 다른 사람들이 그에게 질문하기 때문이라는 것도 알게 되었다. 그래서 모든 것을 알아야 한다고 생각했다. 그는 일이 잘못되고 있다고 비난한 것이 아니었다. 단지 잘못된 부분을 알지 못하면 일을 제대로 수행할 수 없다고 느꼈을 뿐이다.

캐시는 이 문제를 상사가 자신에게 주는 개인적 피드백으로 생각하지 않기로 했다. 스트레스는 6킬로미터쯤 조깅을 해야 풀리겠지만, 상사의 입장에서 문제를 보면 중립으로 돌아올 수 있었다. 다음은 캐시의 맹점수정계획이다.

맹점파괴의 기술

> **캐시의 맹점수정계획**
>
> 목표 상사와의 연결 관계를 강화하는 것
>
> 1. 모든 프로젝트의 진행사항을 보고하는 간단한 시스템을 개발할 것.
> 2. 정기 미팅에서 다루는 이슈의 범위를 넓혀 회사 차원에서 진행되는 최신 프로젝트를 포함시킬 것.

계획을 수행하면서, 캐시는 상사에게 팀 프로젝트에서 매일 갱신되는 세부사항, 특히 대부분은 결코 문제가 되지 않지만 잠재적 문제점을 보고하는 시스템을 만들었다. 이런 경과 보고서 작성은 성가셨지만 상사를 위해 필요하다고 생각했다.

이는 상사의 스트레스를 낮추는 데 극적 효과를 나타냈다. 매일 보고서를 통해 다른 미팅에서도 더 넓은 이슈를 다룰 수 있다는 것을 알았다. 그는 캐시의 노력을 존중하고 다른 프로젝트도 기꺼이 맡기고자 했다.

그들은 회의에서 보다 진지하게 연결될 수 있었다. 그는 중요한 신규 프로젝트의 초기부터 캐시를 참여시키기 시작했다. 의사소통의 개방성은 창의성을 자극하고 새로운 전략 방향에 대한 영감을 주었다. 캐시는 여러 면에서 성장했고 점점 중요한 업무를 맡을 수 있었다.

인맥 확대

인맥이란 말을 너무 사용하다 보니 목표 달성을 위해 다른 사람과 호들갑스럽게 사귀는 사람이란 이미지를 자아낸다. 키이스 페라지(Keith Ferrazzi)는 《혼자 밥 먹지 마라 *Never Eat Alone*》라는 책에서 친구와 친구를 연결하는 능력과 관대함을 토대로 진실한 관계를 구축하는 자연스럽고 개인적인 접근법을 제안한다. 관계를 확장하는 것은 다른 사람들도 원한다. 진정한 유대감을 느끼고자 한다면 필요할 때뿐 아니라 그렇지 않을 때도 다른 사람들에게 다가갈 필요가 있다.

낯선 사람에게 다가가는 것이 어색하다면 이미 친한 팀에 새로운 구성원으로 들어가는 것도 방법이다. 회의 때 먼저 입을 열기 어렵다면 간단한 실행계획을 세워보자. 예컨대, 회의 12분쯤, 40분쯤 다시 한 번 이런 식으로 회의 중 발언 시간을 미리 계획함으로써 존재감을 확보할 수 있다.

무슨 말을 할지는 당신 존재를 알리는 것만큼 중요하지 않다. 마지막 발언자의 관점에 의견을 보탤 수 있다. "우리 팀에 대해 이야기 하자면 (…) 우리도 비슷한 상황에 처해 있습니다. (…) 어떻게 하면 시도해볼 수 있을까요?" 핵심은 눈에 띄는 것이다.

이런 방법이 바보스럽게 보일지 몰라도 효과가 있을 것이다.

앉아만 있지 말고 참여하라. 회의 때 두세 번 발언하면 팀과의 관계가 편해진다. 멋진 발언을 해야 한다는 부담감 때문에 사람들은 말을 하지 않는다. 그런 기대는 사람을 긴장하게 만들 뿐이다. 목표는 그냥 목소리를 내는 것이다.

다른 방법은 여러 팀원을 알고 당신에게 기대하는 바를 알기 위해 비공식적 모임을 만드는 것이다. 복도에서 혹은 전화상으로 나누는 편안한 대화는 팀의 일부가 되었다는 느낌에 도움이 된다.

아무도 모르는 상황에서의 대화가 어색하다면 데브라 파인(Debra Fine)의 《스몰토크 *The Fine Art of Small Talk*》라는 책을 추천한다. 어떤 상황에서도 편안함을 느끼는 방법에 대한 탁월한 입문서이다. 어디서든 활용할 수 있는 대화 소재를 제안한다.

인맥 넓히기

조직에서 다른 사람과 비공식적인 만남을 통해 인맥을 넓히라. 선배도 좋고 동료도 좋다. 업무에 어떤 식으로든 연결되어 있다면 모두 식사 상대가 될 수 있다. 이런 만남은 30분에서 1시간이면 충분하다. 업무 중심의 아젠다는 필요 없고 상대방이 하는 일을 이해하고 의견을 나눌 수 있으면 된다. 이런 만남은 관계와 유대감을 위해 중요하다.

이런 점심 식사는 다양한 이슈에 대한 전화 대화로 이어질 수 있다. 상대에게 유용하다고 생각하는 정보를 메일로 보낼 수도 있다. 의견을 나누면 좋겠다고 생각하는 다른 사람을 소개하라. 모임에 참여하고 다른 사람이 주최하는 파티에 참여하라.

경력 쌓기

조금씩 새로운 사람을 만나고 의견을 나누는 과정을 즐기게 될 것이다. 경력 상 새로운 선택을 모색할 때 통찰력을 줄 수 있는 조직 안팎의 여러 사람을 만나 인맥을 확장할 수 있다.

조직 밖에서 새로운 일을 찾을 때는 인터뷰하고 싶은 회사와 연결점이 있는 사람들과 접촉할 수 있는 사람을 찾으라. 이것은 어려운 일이다. 알고 싶은 것과 도움이 될 만한 사람과 연결할 방법에 대해 분명한 의도를 전달해야 한다.

도움에 감사하고 항상 다른 사람을 도울 준비를 해야 한다. 이처럼 주고받는 것이 관계의 리듬이다. 이런 행동을 따르면 호감 있는 사람이 될 것이다.

호감의 중요성

팀 샌더스(Tim Sanders)의 《완전 호감 기술 *The Likeability Factor*》이라는 책은 다른 사람의 긍정적 태도를 이끌어 내는 능력, 즉 호감이 성공에 중요하다는 것을 뒷받침 한다. 멜린다 탬킨스가 실시한 콜롬비아 대학의 한 연구는 인기 있는 사람들이 더 빨리 승진하고 신뢰 받는다는 것을 보여준다. 예일대에서 2,000명을 조사한 연구결과 가장 성공한 지도자는 공격적이지 않고 호감이 가며 직원을 존중한다는 결과가 나왔다.

샌더스는 호감을 결정짓는 요소를 네 가지로 보았다. (1)열린 태도를 전달하는 능력인 친절함, (2)다른 사람의 흥미, 소원, 필요에 연결된 능력을 말하는 연관성, (3)다른 사람의 감정을 파악하고 인정하는 능력인 공감, (4)호감을 표현하는 진실함이다.

연결에 관한 자신의 강점과 맹점에 대해 생각해보라. 워렌의 경우를 참고할 수 있다. 자화상에 개발할 부분을 기록하라.

다른 사람들과 연결되어 있는지 생각해 보면 그들의 맹점을 보기 위해 4부로 넘어가자.

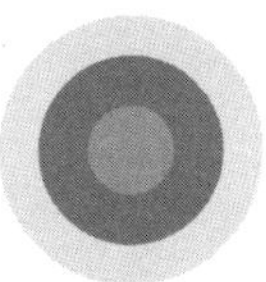

Blind Spots

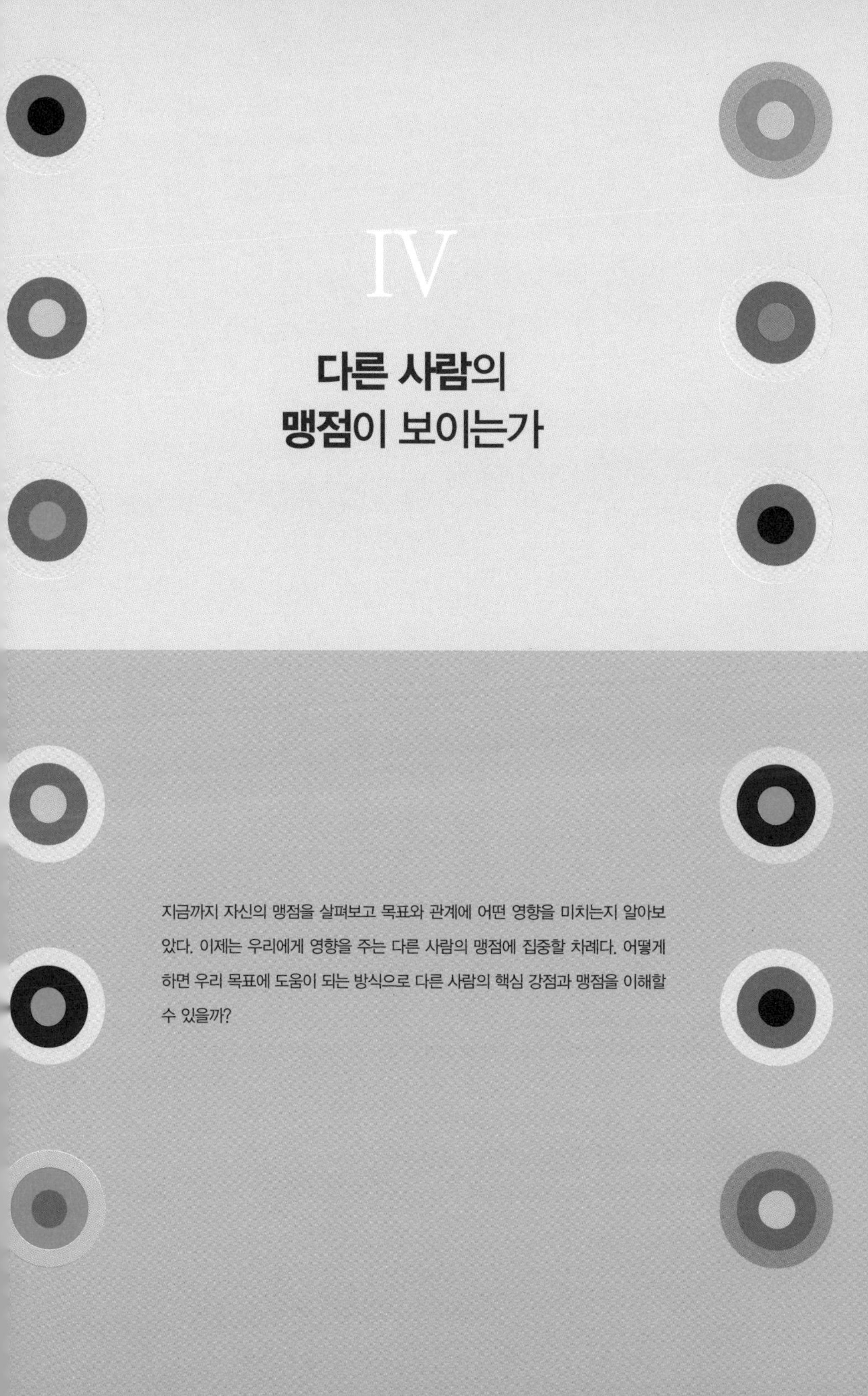

IV

다른 사람의 맹점이 보이는가

지금까지 자신의 맹점을 살펴보고 목표와 관계에 어떤 영향을 미치는지 알아보았다. 이제는 우리에게 영향을 주는 다른 사람의 맹점에 집중할 차례다. 어떻게 하면 우리 목표에 도움이 되는 방식으로 다른 사람의 핵심 강점과 맹점을 이해할 수 있을까?

는 측면에서 소수를 대표하는 집단에 속할 수 있음을 인지하라.

16장 상사의 맹점을 관찰하라
관계 이면의 역학을 이해하기 위해 상사 및 중요한 몇 사람의 맹점을 관찰하라.

17장 조직의 맹점에서 자유로워지는 방법
때로는 문화, 성(性), 사고방식, 종교, 민족, 나이, 성적(性的) 성향, 장애, 경제적 지위라
는 측면에서 소수를 대표하는 집단에 속할 수 있음을 인지하라.

16

상사의 맹점을 관찰하라

우리는 자신의 강점과 맹점에 집중해 왔다. 사람들은 모두 자기만의 강점과 맹점을 가졌다. 그들의 맹점과 당신의 맹점이 만나면 어떻게 될까? 성공에 집중하라는 맹점파악의 세 번째 원칙을 따르자. 자신의 성공에 중요한 타인의 맹점에 대해 어떤 것을 알아야 할까?

- 어떤 사람들의 맹점은 당신에 대한 그들의 인식을 왜곡시킬 수 있다. 그 렌즈를 통해 당신을 보기 때문이다.
- 스타일, 성격, 특성이 비슷한 사람들은 당신과 비슷한 방식으로 세상을 바라본다.
- 스타일, 성격, 특성이 비슷하지 않은 사람들에게 의도를 정확하게 이해시키려면 좀더 설명이 필요하다.
- 때로 같은 말을 사용하지만 핵심을 전혀 달리 해석하기도 한다.

다른 사람의 맹점에 대한 관찰은 집단에도 적용된다. 함께 행동하는 집단은 독특한 강점과 맹점을 가진 문화를 형성한다. 문화의 강점과 잠재적 맹점을 이해함으로써 그 집단의 구성원에 대한 맹점을 잘 관리할 수 있다.

개인의 맹점

실제 상황을 보기 위해 1장에서 승진 기회를 놓쳤던 유쾌한 영업사원 조이를 보자. 이번에는 조이에게 집중할 것이 아니라 조이의 상사 헥터가 조이와의 관계에서 맹점의 영향을 받았다는 점에 주목하자.

분명 조이는 승진 기회를 놓칠 때까지 헥터에 대해 생각할 시간을 갖지 않았다. 그러다 갑자기 그를 이해하는 일이 중요하다는 것을 깨달았다. 그를 관찰하고 무엇을 배웠을까?

헥터는 자기감정이나 기대치를 드러내지 않는 부드러운 사람이다. 그는 생각을 사실적으로 간단히 표현한다. 마음은 따뜻하지만 감정을 드러내는 것 같지 않았다. 오랫동안 이야기할 만큼 관심이 생기지 않는 이상 말수가 적었다. 그는 판매 전략과 주문 계획 수립에 집중했다. 옷은 보수적으로 입었고 혼자서 많은 시간을 보냈다. 헥터의 상사는 전사적 영업 전략 분석 시 그를 상당히 의지하는 것 같았다. 헥터는 필요할 경우 마케팅을 위한 전화를 하기도 했지만 즐기는 것 같지는 않았다. 가능하면 판매는 위임하는 편이었다.

헥터는 신중하고 사려 깊은 사람이었다. 헥터가 말하는 중요한 사

 맹점파괴의 기술

항을 분별할 수 있어야 했다. 영업 보고서와 회의에 대한 헥터의 경고를 놓쳤던 것은 주의를 기울이지 않았기 때문이었다.

▒ 단서 모으기

헥터의 맹점은 무엇이며 조이에게 어떻게 나타났을까? 헥터에게 적용할 수 있는 맹점 프로파일이 무엇인지 생각해보면 추측할 수 있다. 우리 추측이 정확하지 않을 지도 모른다. 하지만 이런 사고 과정에 집중하는 것만으로도 조이는 헥터의 세계관을 이해하는 통찰력을 얻을 수 있다.

헥터는 수줍어서 느끼는 감정을 표출하지 못하는 듯 했다. 내성적이면서 관계를 중시하는 것 같았다. 사람의 감정이나 이미지에 집중하는 것 같지는 않았다. 부록에 나와 있는 맹점 프로파일 매트릭스에서 가능한 모델을 찾아보면, 내향적이고 대인적이며, 의견과 본능을 우선시하는 네 가지 유형에 해당되는 것 같다. 다음에 요약되어 있는 책임감 있는 품질 관리자 혹은 내성적이고 분석적인 전략가타입이다.

두 모형 모두 진지하게 생각하는 타입이다. '절제'와 '규칙'이야말로 할 말을 신중하게 선택하는 이 사람을 잘 설명한다. 이런 타입의 사람들이 제안하는 것을 잘 들어야 한다. 이들은 자기가 중요하다고 말했던 것을 따르지 않는 사람을 눈 여겨 볼 것이다. 헥터는 조이에게 영업 보고서와 회의에 대해 몇 차례 말했지만 조이는 헥터의 방식에 익숙하지 않았고 이 단서를 놓쳤다. 헥터의 맹점은 어떻게 나타났을까? 두 모형은 맹점 지대에서 냉담하고 무관심해질 수 있다. 영업 보고서와 회의 출석에 대해 말한 것을 조이가 간과했을 때 헥터는 마

책임감 있는 품질 관리자	• 최대 강점: 옳은 일을 하기 위한 본능적인 자기 규율과 기준 • 잠재 맹점: 목표 추구에 대해 너무 진지하고 과도한 책임을 느낄 수 있다. 지나치게 집중하면 쉽게 분노하거나 유연하지 못한 모습을 보인다.
내성적이고 분석적인 전략가	• 최대 강점: 숲과 나무를 함께 보는 통찰력 있는 조직 운영 능력 • 잠재 맹점: 너무 앞서가면 오히려 목표에 냉담하거나 초연해질 수 있다. 성과에 대한 압박을 받을 경우 독재적인 면을 드러낼 수 있다.

어떤 모형이 헥터를 더 잘 설명하는가?

음을 접었을지 모른다.

이 두 사람의 맹점은 어떤 결과를 낳았을까? 조이는 마케팅을 위한 전화를 좋아하고 감정과 이미지에 주의를 기울인다. 헥터는 감정을 드러내지 않고 의도를 신중하게 표현한다. 맹점으로 인해 헥터는 조이를 포기하고 관심을 끄고 무시했다. 조이는 반대로 일의 속도를 높이다 혼란에 빠졌다. 헥터의 요구 사항과 충돌할 때조차 계속 마케팅 전화를 했다. 조이는 헥터의 조용한 후퇴를 전혀 눈치 채지 못했고 헥터의 제안이 중요하지 않다고 생각했다. 이런 시나리오가 조이의 승진에게 어떤 영향을 주었을까? 잘은 몰라도 사건에 중요한 영향을 미쳤음에 틀림없다.

관점

5분 정도면 전체 과정을 숙고할 수 있다. 처음에는 약간 혼란스러울지 모른다. 맹점 프로파일 매트릭스에서 확인된 모형을 보면 해당 지인들이 떠오를 것이다. 예컨대, 조이는 헥터가 내성적이고 분석적인 전략가라는 것을 확인하고 쉽게 기억하기 위해 헥터 모델이라고 이름 붙였다. 조이는 헥터의 강점과 맹점을 이해하기 시작했다. 매일 만나는 사람들의 세계관을 이해하려는 노력은 가치 있는 투자다.

조직과 집단의 맹점

조이가 헥터같이 사고하고 느끼는 조직 문화에서 일하고 있다고 상상해보자. 조이는 내성적이고 분석적인 전략가 타입의 문화를 '헥터 무리'라고 부르기로 했다. 이 문화는 사려 깊고 업무에 있어서는 정확하다. 논의 전에 신중하게 생각하기 좋아하는 사람들의 무리이다. 감정적으로 나오는 사람들을 좋아하지 않고 논리적이고 원칙적인 토론을 선호한다. 혁신적인 전략과 공정한 보상을 존중한다.

이런 문화에서 조이는 어떻게 성공할 수 있을까? 먼저 자신이 소수의 입장이라는 것을 깨달아야 한다. 사람들은 조이의 관점을 이해하지 못할 것이다. 주위 사람들보다 외향적이고 감정과 이미지에 집중한다. 회의는 느리고 너무 분석적이다. 그는 에너지와 흥분을 선호한다. 외부인이 된 느낌으로 소외될 수 있다. 하지만 자신의 독특함을 인식하고 사람들에게 자기 가치를 전달하면 커다란 자산으로 비춰질 수 있다. 조이는 고객과의 관계를 즐기고 잘 처리한다. 사람들은 자신감 있는 누군가가 이 일을 맡아서 매우 행복할 것이다. 조이는 다른 사람들에게 가치 있는 것을 전달함으로써 그런 문화에서도 존중 받기 위해 최선을 다 할 것이다.

다른 사람들의 방식으로 보기

맹점수정계획 통해 조이도 조직의 강점, 스타일, 규칙을 이해하게 되었고 열린 마음으로 접근하게 되었다. 맹점파악의 첫 번째 원칙을 따라 중립으로 이동했다.

맹점파악의 세 번째 원칙을 따르면 성공에 집중할 수 있다. 다른 문화에서 자신의 독특함이 얼마나 가치 있는지 파악하고 집단에게 주는 유익을 소개함으로써 효과적으로 일할 수 있다는 점을 알릴 수 있다.

자신과 다른 문화 속에서 일하는 것은 노력을 필요로 한다. 조이는 강점을 활용하라는 맹점파악의 네 번째 원칙을 따라야 한다. 전체 문화가 재무같은 학문 중심이라면 사람들이 자기 분야인 영업을 존중하도록 하는 반면 그들의 분야도 배워야 한다.

자신감으로 선택하라는 다섯 번째 원칙은 자기 강점을 파악하는 것과 문화의 강점과 필요에 반응하는 것 사이에서 균형을 잡는 방법을 찾게 할 것이다.

맹점파괴의 기술

서로 다른 문화적 세계

우리는 국가와 문화 차이가 조이와 헥터의 차이보다 훨씬 큰 글로벌한 세상에 살고 있다. 다른 문화에 있는 회사 관점을 이해하기 위해서는 깊은 주의를 기울여야 한다.

타냐는 사우디아라비아에 있는 미국 회사에서 일할 계획이며 사우디 사람들과 첫 대면을 위해 훈련을 받았다. 의견을 명확히 표현하는 여성 타냐는 사우디 사람들과 어떻게 접촉해야 할 지 불안했다. "미국에서는 개인주의, 독립, 자기 의존, 변화를 존중합니다. 사우디 문화는 서열, 전통, 겸손, 희생, 유지를 존중하죠. 공통된 이슈를 어떻게 꺼내야 할지 모르겠습니다."

이 상황에서 최선의 규칙은 보고, 듣고, 배우는 것이다. 타냐는 자기가 존중한 것에 대해 인정받을 것이다. 다른 문화에 속한 사람을 대할 때 정서적 두뇌가 움직인다는 것을 기억하는 것이 중요하다. 정서적 두뇌는 다른 사람을 대할 때 신뢰도, 확실함, 안전도를 검증한다. 우리의 감성 지능은 문화를 초월하는 능력이다.

때로는 문화 차이가 클 때가 적을 때 보다 쉬울 수 있다. 나는 중동에서 온 중역을 위한 심포지엄 준비 때 많은 걱정을 했다. 중동 출신의 남성 리더들에게 임신 7개월인 여성이 어떻게 보일지 몰랐다. 하지만 사우디아라비아에서 온 중역 중 한 사람이 일하는 여성으로서 삶을 어떻게 영위하는지를 질문했을 때 비로소 편안해졌다. 그는 미국에서의 여성의 역할을 주제로 내게 접근했다. 그는 여성으로서가 아닌 제도적 입장을 대표하는 나에게 말을 걸었다.

때로는 기업 내부의 문화적 차이가 국제적 문화 차이보다 더 어려울 수 있다. 링컨 컨티넨탈 1995년식을 성공적으로 재설계한 이야기가 사례다. 전통적이고 권위적인 가치로 정의되는 문화 속에서 멋진 차를 설계해야 하는 도전에 직면했다. 신모델 개발과 비용 통제 사이에서 서로 다른 훈련, 전문적 성향, 가치에 따른 문화적 차이가 있었다.

두 집단 간의 긴장은 대단했다. 두 집단의 협력을 막고 있는 것은 불신, 두려움, 분노라는 맹점이었다. 맹점파악 전략에는 민감하게 다른 사람의 관점을 경청하고 공감하는 능력같은 정서적 인지 기술이 포함된다. 사람들은 숨겨둔 생각과 감정을 분명하게 말하지 않았다. 한 집단 구성원이 하품을 하면 다른 쪽은 밤늦게까지 일해서 피곤하다는 현실을 직시하지 않고 지루하다는 신호로 해석할 수도 있었다. 이런 내면의 대화는 주위에서 일어나는 일을 실제 어떻게 생각하고 느끼는지 보여준다. 하지만 충분히 이해할 시간을 확보하지 않으면 맹점으로 돌아갈 수밖에 없다.

생산과 비용을 책임지는 리더들은 양 팀이 서로 연결되도록 돕는 코치이자 진행 전문가로 훈련 받았다. 이 리더들은 더 이상 통제하는 장군이 아니라 경청하고 위임하는 기술을 보여 주어야 했다.

결론은 두 팀이 협력하고, 아이디어를 교환하고, 예산을 공유하며, 통합된 한 팀으로 일하는 법을 배웠다는 것이다. 프로젝트는 예산과 일정과 품질 수준을 앞당겨 마무리되었다.

당신은 차이점은 무엇인가?

이 책에서 문화를 다루거나 변화시키는 애기를 할 생각이 없다. 자기 맹점을 인식하고 목표를 달성하도록 돕는 일에 집중하고자 한다. 하지만 다른 사람의 맹점을 인식하는 것은 자기 맹점을 인식하는 데 중요한 관점을 제공할 때도 있다.

다른 가치, 사고, 학습 스타일을 가진 사람들과 함께 일하는 집단에 대해 생각해보자. 어떤 강점과 맹점이 있는가? 어떻게 하면 보완하는 방법으로 강점을 사용할 수 있을까?

17장에서는 가업을 이으려고 하자 가족들의 맹점에 직면한 글로리아를 소개하고자 한다.

17

조직의 맹점에서 자유로워지는 방법

집단 내에서 시각의 차이를 보일 때 그동안 인식하지 못했던 맹점이 발견된다. 집단의 시각은 문화, 성별, 인종, 종교, 민족, 나이, 경제적 지위에 영향을 받는다. 다른 사고와 학습 스타일의 결과이기도 하다. 원인이 무엇이든 맹점은 한 개인 혹은 집단이 다른 개인이나 집단에 대해 가진 신념의 결과이기도 하다. 이것은 복잡한 문제여서 일반화하기는 위험하다.

이런 복잡한 관계를 이해하기 위해 문화, 인구통계, 가치, 신념, 사고방식이 매우 다른 집단과 상호 작용하는 일에 대해 단순한 관점을 길러야 한다. 구체적으로는 자신의 자신감과 집단 내 효과적 관계에 영향을 줄 수 있는 집단의 맹점이 무엇이며, 어떻게 하면 목표 달성을 위해 이를 잘 파악하고 처리할 수 있는가 하는 것이다.

- 문화, 인구통계, 가치, 신념, 사고방식의 차이가 맹점을 만들 수 있다.
- 개인적 차이점에 지나치게 민감하거나 이를 무시할 때 맹점을 생길 수 있다.
- 다수의 관점을 가진 구성원들은 소수의 관점을 가진 구성원들이 경험하는 긴장을 과대평가하거나 과소평가한다.
- 소수의 관점을 가진 구성원들은 그들이 느끼는 긴장이 눈에 보이는 차이에서 오는지, 인식하지 못하는 맹점에서 오는지 검증하는 것이 유익하다는 것을 발견할 것이다.

목표 달성에 영향을 미치는 집단 내 맹점을 알기 위해 그룹 맹점 파인더에 답해볼 것을 제안한다. 집단 내 맹점에 대한 우려 사항을 알게 해줄 것이다.

이런 활동이 중요한 것은 잠재적 맹점에 대한 느낌을 명확하게 해준다는 것이다. 아직 집단맹점이 실제 무엇인지 확신하지는 못하겠더라도 맹점에 대한 가정을 토대로 행동할 수 있다. 실제 존재하지 않는 장애물을 보게 만들거나 볼 수 없는 장애물을 간과하게 할지도 모른다.

글로리아가 가족 사업을 일으키기 위해 이런 방법을 어떻게 사용했는지 살펴보자.

통제를 가정한 글로리아

45세인 글로리아는 토레스 가족의 외동딸이자 막내이다. 결혼하고 네 아이를 키우면서 가족과 멀어졌다. 지금은 이혼 후 MBA를 마치고 사업을 일으키는 일에 탁월한 기업가로서 자신을 차별화시키고 있다.

맹 점 파 괴 의 기 술

글로리아의 아버지 존 토레스는 토레스사(Torres Manufacturing Company)를 수익성 높은 회사로 키웠다. 덕분에 아내와 네 아이는 풍족한 생활을 할 수 있었다. 52세인 아들 마이클, 48세인 리차드, 47세인 코노가 회사를 위해 일했다.

존이 심장 마비로 갑자기 세상을 떠나자 전통에 따라 장남 마이클이 회사를 맡을 예정이었다. 마이클은 심각한 자동차 사고로 병원신세를 지고 불구가 되기 전까지 회사를 잘 운영했다. 사고 이후 리차드가 일시적으로 형의 자리를 이어받긴 했지만 리차드나 코노는 사업을 운영하는 일에 재능과 흥미가 없었다. 점점 회사는 기울고 있었다.

나는 글로리아가 이 사업을 어떻게 해야 할 지 결정할 때 그녀를 만났다.

글로리아는 회사를 살리기로 결심했다. 아버지가 세운 회사를 존중했고 자신을 유능한 관리자로 생각했다. 오빠들 역시 글로리아의 제안에 동의했고 어머니도 반대하지 않았다. 글로리아는 9개월간 대표직을 맡아 보기로 했다.

글로리아는 효과적으로 사업을 일으키는 일을 방해하는 맹점 문제를 처리하기 위해 내게 도움을 요청했다. 그녀의 가장 큰 관심은 사업에서 남자의 역할에 대해 뿌리 깊은 문화적 소신을 가진 가족들이 진실로 자기를 지지해줄 것인가 하는 것이었다. 그녀는 어떤 맹점이 있을지 알고 싶었다.

그녀의 걱정을 정확하게 알기 위해 그룹 맹점 파인더를 완성시켰다. 글로리아는 남녀를 차별하는 가족의 신념이 회사 대표로서 그녀가 성공하는 것을 방해한다고 믿었다. 그녀가 파악한 성별 문제는 수 년 동안 거론 되지 않았다. 그녀는 이런 신념이 어릴 때 관찰했던 행동에도 존재했을 거라고 가정했다. 오빠들은 성적이나 운동 경기 실적으로 칭찬받은 반면, 그녀는 얼마나 예쁘고 옷을 잘 입었는가에 대해 칭찬받았다. 그녀는 성별을 제한하는 신념이 회사를 살리는 기회에 영향을 미친다면 다른 가족 구성원들과도 상의할 필요가 있다고 생각했다. 하지만 이렇게 하기는 곤란했다.

그녀는 맹점수정계획을 세울 준비가 되었다. 그녀의 성공목표는 어머니와 오빠들로부터 회사의 리더십에 대한 실질적 지지를 얻는 것이다.

글로리아의 맹점수정계획

1. 성별문제가 대표직의 잠재력을 제한할 수 있다는 우려를 표현하고 직접 지지를 구하고 가족 개개인을 따로 만나 회사에 대한 계획을 논의한다.

2. 대표직을 맡을 만한 자격에 대해 가족 구성원과 논의하고 그들이 우려하는 점을 파악한다.

3. 언제쯤 회사의 완전한 대표가 될 것인지 9개월 안에 달성할 성과에 대한 계획을 세운다.

맹점수정계획을 수행하면서 글로리아는 지지를 얻기 위해 가족들을 개인적으로 만났다. 남자는 지도자로 여자는 조력자로 생각하는 가족의 문화적 전통에 대한 우려를 표했다. 오랫동안 거론되지 않았

맹점파괴의 기술

1. 다음 영역 중에서, 이 그룹과 함께 목표를 달성할 때 영향을 받을 수 있는 신념이나 맹점이 있다고 느끼는 것에 체크해보라.

__X__	문화	______	사고방식이나 학습 방식
__X__	성	______	인종
______	종교	______	민족
______	장애	______	나이
______	경제적 지위	______	성적 성향

2. 집단 구성원의 대다수가 가진 신념 중에서 목표를 달성하는 효과에 영향을 줄 수 있다고 느끼는 것은 무엇인가?

"우리가족은 남자가 집안이나 회사의 우두머리이고 여자는 가정을 돌보고 아이를 양육해야 한다는 전통적 믿음을 갖고 있다. 부모님과 오빠들은 이 패턴을 따라 살아 왔다. 거의 파산 지경에 있음에도 불구하고 가족 사업을 운영할 완전한 책임을 나에게 넘겨줄지 모르겠다."

3. 이런 신념은 당신의 효과성에 구체적으로 어떤 영향을 주거나 제한하는가?

"정말로 나를 지지해줄지 모르겠다. 최소한 내 노력을 막지는 말아야 할 텐데. 과거에 그들은 정말로 수동적이고 공격적이었다. 고개를 끄덕이기는 했지만 정말로 내가 성공하기를 원하지 않을 것이다. 예컨대, 학교에서 오빠들은 성적으로 칭찬받았지만 나는 아니었다. 얼마나 예쁜가를 두고 칭찬받았다.

4. 성공할 가능성을 높이기 위해 어떤 구체적인 단계를 취할 수 있을까?

"성공 가능성을 높이기 위해서는 무슨 일이든 하고 싶다. 사업을 일으킬 가능성에 대해 부정적으로 생각하고 싶지 않다. 나의 기회에 부정적인 영향을 줄 수 있는 맹점이라면 무엇이든지 처리할 것이다."

기 때문에 처음에는 이런 문제를 꺼내기가 어색했다.

사실 세 오빠는 회사를 효과적으로 운영할 수 있을 것인가에 더 큰 우려를 표했다. 그들은 전업주부와 회사 운영 경험이 있는 여동생은 경우가 다르다는 것은 알았다. 글로리아의 실력을 보아왔고 경영감각도 인정했다. 하지만 글로리아가 자신들을 밀어 붙이지 않고 일할 수 있을지 염려했다. 그들 역시 회사를 소유하고 있다고 주장하고 싶었다. 글로리아도 이 점은 인정했다.

어머니 에바의 경우는 더 어려웠다. 에바는 남편처럼 아들 중 한 사람이 대표가 되어야 한다고 믿었다. 그녀는 글로리아의 재능을 존중했지만 글로리아가 경영한다는 것이 편안하지 않았다. 그녀는 개방적인 태도를 유지할 것이라고 말했다.

글로리아는 어머니가 실제 어떻게 느끼는지 확신하지 못했다. 문화적인 부분도 있고 자신이 갖지 못한 기회를 딸이 갖는 것에 대해 무의식적 질투가 있다고도 생각했다. 글로리아는 의사소통을 위해 다음 달에도 어머니와 계속 이야기 해볼 것이다. 관계가 나쁜 것은 아니었지만 오랫동안 해결하지 못한 많은 문제가 있는 것은 분명했다.

자기 맹점을 파악한 글로리아

밀어 붙이는 방식에 대한 오빠들의 의견을 존중한 글로리아는 맹점 프로파일을 완성하기로 했다. 그녀는 맹점을 설명하는 두 가지 모형을 발견했다.

이 모형을 생각하면서 글로리아는 젊은 여성으로서 강한 지도자형인 단호한 실행자 타입일지도 모른다고 생각했다. 다른 사람의 감정

 맹점파괴의 기술

따뜻한 관계 건축가	• 최고 강점: 사람들의 강점과 필요를 본능적으로 이해한다. • 잠재 맹점: 감정을 적절하게 주고받지 못하면 개인적인 약점을 지나치게 확대 해석한다. 교묘하게 부정적인 감정을 피하려고 할 수 있다.
단호한 실행자	• 최대 강점: 큰일을 성공적으로 해낸다. • 잠재 맹점: 지나치게 대립하거나 과시한다. 존중받지 못하면 적의를 드러낼 수 있다.

어떤 모형이 글로리아를 더 잘 설명해줄까?

과 필요를 이해하는 것은 여성으로서 특권이었기 때문에 따뜻한 관계 건축가 경향도 있었다. 그녀는 스트레스를 받을 때 단호한 실행가로서 으스대고 대립하는 경향이 나타난다는 것을 깨달았다.

글로리아는 대립하고 두목 행세를 하는 맹점이 오빠들이 지적했던 것처럼 다른 사람을 방해할 수 있다는 것을 깨달았다. 어쩌면 성별 제한에 대해 그녀가 느끼는 감정처럼 과거에 그들이 글로리아와 알력을 다투었던 것 때문에 스트레스를 받으면 대립하는 스타일이 되었는지도 모른다.

사업을 성공적으로 이끈 글로리아

대표로서 글로리아는 회사에 신선한 바람을 불어넣었다. 9개월 만에 실적이 개선되기 시작했다. 실제로는 따르지 않더라도 격주마다 오빠들을 만나 의견을 경청했다. 천천히 그들은 그녀의 새로운 초점과 개방성에 자신을 얻었다.

글로리아는 어머니와도 시간을 보내며 관계를 발전시킬 새로운 방법을 찾고자 했다. 하지만, 관계가 더 불편해진다는 것을 깨달았다. 에바는 글로리아가 사업을 성공적으로 경영하는 것에 관심이 없었고 이야기하고 싶어하지도 않았다. 결혼이 깨진 것에 대해 글로리아를 비난했고 글로리아의 우선순위가 잘못되었다는 말만 반복했다. 글로리아는 함께 쇼핑하고 아이들과 즐거운 시간을 보내기 위해 노력했다.

글로리아가 재임되자 가족들은 나뉘어졌다. 글로리아와 오빠들은 찬성했다. 어머니는 반대했지만 이유는 말해주지 않았다. 큰 오빠 마이클이 글로리아를 지지해 달라고 어머니를 설득하자 에바는 그제야 동의했다.

글로리아와 오빠들은 5년 계약의 보수 조건에 동의했다. 오빠들은 글로리아가 회사 대표로 남아 있으면 자신들의 이해관계도 납득될 것이라고 믿었다. 글로리아의 어머니는 그 문제에 대해 다시 이야기하지 않았다. 그녀는 정확한 이유를 말하지 않았지만 글로리아는 여자의 자리가 가정이고 사업체가 아니라는 오래된 소신 때문이라고 생각하는 듯 했다. 어머니는 이것을 부정하지 않았지만 아무 말도 하지 않으려고 했다.

▋ 글로리아를 자유롭게 한 진리

글로리아는 진짜 의도를 드러내고 가족들과 열린 토론을 할 수 있다는 것이 기뻤다. 그녀는 기대한 바를 명확히 알고 있었기 때문에 이런 관계가 흐뭇했다. 더 이상 비밀은 없었다. 오빠들의 지지와 어머니의 제약에도 불구하고 평화롭게 지낼 수 있는 것이 감사했다. 글로리아는 맹점을 드러냈고 두려워할 것이 없었다. "슬픈 사실이지만 어머니는 기본적으로 여성으로서 나의 잠재력을 제한하는 시각을 갖고 계셨습니다. 더 이상 불쾌한 감정은 없습니다. 그대로 수용했고 그 사실이 감사합니다."

마지막 만남에서, 글로리아는 자신감과 행복에 대해 어떻게 느꼈는지 말했다. 그녀는 오빠들이 가졌다고 생각한 오래된 편견을 깨뜨렸고 어머니가 자신을 슬프게 만드는 성별 편견을 가지고 있다는 것도 배웠다. 오빠들에게 느꼈던 알력은 성별에 대한 선입관 때문이 아

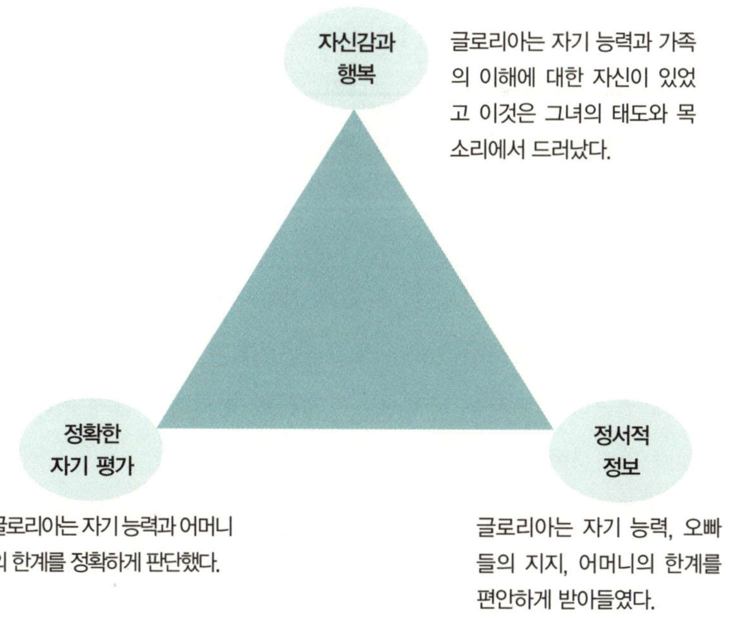

글로리아의 자신감 삼각형

니라 자기 스타일과 관련되어 있다는 것도 깨달았다. 대표직을 맡으면서 사업을 잘 경영할 수 있다는 자신감과 숨겨져 있던 맹점에 대한 새로운 감각을 얻었다. 여러 측면에서 진리는 그녀를 자유롭게 했다.

이것을 자신감 삼각형으로 이야기 하면, 글로리아는 대표로서의 강점과 가족으로부터 받은 직업적 가치를 정확하게 판단했다. 자기 능력에 대한 느낌, 오빠들의 지지, 여성으로서의 한계에 대한 어머니의 시각이 조화를 이루었다. 그 결과 자신감과 행복의 균형을 이루었다.

글로리아의 이야기는 집단의 신념과 맹점의 복잡한 그림을 잘 보여준다. 가족의 편견에 대해 글로리아의 우려사항은 검증되었다. 그녀는 다른 사람들이 가지고 있는 사고의 제약을 알고 있었지만 그것이 그녀의 꿈이나 행동을 좌절시키지는 못했다. 어머니의 세계관이 가진 제약을 능가했다는 것이 글로리아를 더 강하게 만들었다. 그녀는 처리하지 못하는 일이 없었고 제약 없이 어머니의 세계관을 수용할 수 있었다.

성, 문화, 사고방식, 학습방식, 그 외 그룹 맹점 파인더의 다른 측면에서 스스로 소수라고 느끼게 되는 집단이 있는가? 그렇다면, 그 집단과의 관계를 말해주는 부록의 그룹 맹점 파인더를 완성하라. 그 맹점에 접근하는 방식을 생각해보고 성공을 방해하지 않게 하라. 이 정보를 자화상에 추가하라.

집단이 가진 맹점의 제약을 인지했다면, 맹점을 효과적으로 발견하고 처리할 수 있도록 시간이 발휘하는 영향력을 고려할 준비가 되었다.

V

성공을 위한
맹점 클리닉

마지막 두 장에서는 우리 자신은 물론 다른 사람의 인생에서 변화하는 목적의 중요성을 감추는 맹점에 대해 보고자 한다.

18장 당신만의 목적을 찾아라

상황에 따라 성공의 의미는 변한다. 인생 초기부터 목적이 분명한 경우도 있다. 많은 사람의 경우 시간에 따라 목표가 점차 변하고 인생 후반부 혹은 제2의 인생을 준비할 때까지 명확하지 않을 지도 모른다.

19장 맹점의 삶에서 탈출하라

자신의 맹점을 파악하고 선명한 시야를 얻으면 성공과 활기를 느끼며 감격한다. 자기 일과 삶에 영향을 주는 사람들 역시 선명한 시야를 갖게 되기를 바라기도 한다. 다른 사람들의 맹점에 대해 건설적으로 이야기할 수 있는 방법을 찾아보자.

18

당신만의 목적을 찾아라

성공의 의미는 새로운 상황에서 자신을 알아가면서 변한다. 인생이 도전을 줄 때 변화와 후퇴를 통해 강점을 알아간다. 무엇에 헌신하고 무엇을 목표로 삼을 지 배운다. 그러면서 전에는 결코 보지 못한 우리의 숨겨진 맹점을 보게 된다.

누구나 대단한 사람이 되고 싶어 한다. 《목적의 힘 *The Power of Purpose*》의 저자 리차드 레이더(Richard Leider)는 우리의 목적을 "내면의 가장 깊은 차원에서 우리가 누구이고, 어디서 왔으며, 어디로 가고 있는가에 대한 심오한 의미이며, 인생을 가꾸기 위해 선택하는 특성이자 에너지와 방향의 근원"이라고 보았다.

자신이 누구인지 알 때 목적을 발견한다. 변화하는 상황에 대한 우리 반응을 느낄 때, 되고자 했던 모습과 실제 모습이 다를지도 모른다는 것을 깨닫는다. 자신에 대한 감각은 주로 가치, 목적, 그 목적을 이루어야 한다는 느낌에서 나온다.

맹점 자각은 우리가 누구이고 어떤 사람이 될 것인지에 대한 가능성을 보기 위해 필수적이다.

- 능력의 중요한 측면을 인식하지 못할 때 맹점은 개인적 잠재력을 보지 못하게 만든다.
- 다른 사람의 기대가 스스로의 기대를 지배할 때 스트레스, 걱정, 우울, 후퇴의 감정을 이해하지 못하는 맹점에 빠진다.
- 무엇이 중요한가에 대한 감을 잃을 때 목적지가 없다는 맹점에 빠진다.
- 주변의 영향을 인식하지 못할 때 유대감을 잃고 고립된다.

이런 맹점을 연구하면 자신을 정확하게 볼 수 있다. 현실을 토대로 강점, 가치, 목표, 목적을 이해할수록 스스로에 대한 자신감도 커진다.

2차 세계대전 당시 정치범 수용소에 갇혔었던 심리학자 빅터 프랭클은 위기 상황에서만 우리의 실제 모습을 발견할 수 있다고 주장했다. 위기 상황에서 자신과 대면할 수 있고 개인의 가치는 확실하게 검증된다. 한때 소중해 보였던 목표가 흐려지기도 한다. 결코 알지 못했던 강점도 발견할 수 있다.

인생을 경험하고 지혜를 얻고 자신을 알수록 자신에 대해 깊이 이해한다. 스무 살 때 자기 모습이라고 알던 사람이 서른, 마흔에는 전혀 다른 모습으로 변한 자기모습에 놀라기도 한다. 우리는 진화하고 성공의 의미와 행동에 영향을 미치는 강점과 맹점을 보는 시각을 다

맹점파괴의 기술

시 평가한다.

사명은 변화를 인식하지 못할 때 나타나는 맹점을 이해하는 기회의 연속이라는 측면에서 볼 수도 있다. 그런 변화는 개성의 새로운 측면으로 변화에 대한 반응으로 나타난다. 7년 내지 10년마다 생기는 이런 변화는 생활과 직장에 새로운 가능성을 선사한다.

이런 맹점의 역할을 이해하기 위해 테일러가 겪은 25년간의 자기 발견 이야기를 따라가 보자.

성공하도록 격려받은 테일러

테일러는 세 동생을 둔 장녀이다. 어릴 때부터 성공해야 한다는 말을 듣고 자랐다. 이런 성취 성향은 인생의 중요 부분을 차지한다. 훌륭한 학생으로 적극적으로 학교 활동에 참여했고 유명 대학에 진학해 졸업과 동시에 대기업 마케팅 부서에 자리를 잡았다. 뛰어난 성과를 만들어 내는 유능한 인물로 초고속 승진도 했다.

26살이 된 테일러는 자신의 커리어를 좀더 확실하게 발전시키고 싶었다. 맹점 프로파일을 통해 '낙천적인 시각 중심의 연출가'라는 것을 알고 자신의 본능적인 강점을 깨달았다. 그녀는 실제로 성취 중심적인 멀티태스커이며 여러 가지 마케팅 프로그램과 프로젝트에 참여하기를 좋아했다. 잘 했다는 상사의 긍정적 피드백도 원했다. 발표하고 다른 사람을 지휘하는 외향적인 경험을 즐겼다.

테일러는 승승장구했다. 결혼 후 두 아이를 갖고도 더욱 성공하라는 자기 소명을 따랐다. 하지만 30대 중반이 되자 지속적인 성공에도 불구하고 피곤과 나른함을 느꼈다. 직장과 가정 일을 과도하게 병행했던 맹점으로 인해 사람들로부터 멀어진 느낌이었다. 하지만 삶의 변화에 대해 생각하게 만드는 내면의 소리를 듣기 시작했다. 생각을 정리하고자 맹점 프로파일을 다시 시도했다. ‘낙천적인 시각 중심의 연출가’ 성향이 여전했지만 ‘활기 넘치는 새로운 방향의 위험 감수’ 성향도 강했다.

테일러는 새로운 아이디어와 모험에서 오는 흥분을 견디지 못한다. 끝난 프로젝트의 결과보다는 많은 아이디어를 생각하는 흥분을 더 좋아한다. 두 아이에 대한 책임감은 아이들을 사랑하는 만큼 강하다. 테일러는 일을 그만두고 아이들과 어른들에게 즐거움 가득한 순간을 선사하는 파티 서비스를 시작하기로 했다. 위험 감수형이라는 자신의 모습과 마케팅 일로 받은 보너스로 시작한 모험이었다. 집에서도 운영할 수 있고 사람들을 즐겁게 해주는 흥미로운 방법을 생각하면 신이 났다.

무엇이 변화에 영향을 미쳤을까?

상황이 테일러를 활기 넘치는 위험 감수형으로 만들었을까, 아니면 새로운 자신의 모습이 삶을 바꾼 것일까? 둘 다 해당한다. 맹점에 가려진 자신의 숨겨진 모습이 환경 변화와 반응하는 관계는 닭과 달걀 중 어느 것이 먼저인지 따지는 것과 같다. 테일러가 느낀 강한 감동은 새로운 가능성을 암시했다. 이를 무시했으면 스트레스와 문제

맹점파괴의 기술

점을 안게 되었을 것이다. 이것이 맹점을 발견하는 방식이다.

테일러는 새로운 인생을 무척 즐겼다. 성과 중심의 성향은 사업 실행 에너지를 불어넣었다. 전에 하던 일에서 발휘한 강점을 토대로 사업을 성공시켰다. 몇 년 후에는 직원도 채용했다. 10년 만에 테일러는 사업을 크게 일으켰다.

아이들이 크고 나자 파티 사업은 일상이 되었다. 그런데 새로운 맹점이 나타났다. 이벤트의 세부 사항을 일일이 지시하는 것이 싫고 사람들 만나는 것도 시큰둥해진 것이다. 요가, 명상, 숲을 거니는 것 같은 자기 성찰적인 활동에 빠져 들었다. 50세가 되면서 좀더 자신에 대해 생각하게 되었다.

테일러는 맹점을 명확히 보기 시작했고 새로운 목소리도 깨달았다. 민감하게 지각을 일깨우는 목소리가 강해졌다. 이 내면의 목소리는 사람들의 정서적 필요를 분출하는 독특하고 창조적인 방법을 찾게 해준다. 테일러의 경우 감정, 신체적 흥분, 정서적 기억을 통해 들렸다. 얼마 동안은 무시했다. 하지만 그럴수록 피곤하고 짜증나고 지쳐갔다. 결국 끌리는 대로 가보기로 했다. 어떤 활동이 힘을 빼앗고 어떤 활동이 활력을 주는지 관찰했다.

테일러는 이 목소리가 10대 때부터 있었는데 사회적 성공이라는 압박 때문에 무시했다는 것을 깨달았다. 이제 연구하는 시간을 갖고 미술 수업을 들으며 그림을 그리기 시작했다. 이제 아이들은 모두 집을 떠났지만 남편은 그녀를 지지했다. 남편은 그녀가 파티 사업으로 단절된 느낌 때문에 고통스러워할 때 함께 살기 어렵다고까지 생각했다. 그는 학위를 따기 위해 학교로 돌아갈 것을 그녀에게 권했다.

테일러는 학비를 충당하고도 남을 만큼 돈을 받고 사업을 팔 수 있었다. 수채화가로서 기법을 익히고 새로운 성공 목표에 익숙해졌다.

테일러는 자기 모습을 새롭게 이해하면서 인생의 변화를 돌아보고 자신의 선택을 연결시키는 끈을 발견했다. 그녀는 자신과 사람들에게 기쁨을 창조하는 일에 열정을 갖고 있었다. 이렇게 해서 인생 목적을 발견할 수 있었다.

자신으로부터의 방향

테일러 이야기는 맹점 발견을 통해 인생이 어떻게 전개될 수 있는지 보여준다. 자신에 대한 새로운 가능성을 보지 못하게 하는 장애물을 지속적으로 제거하는 과정이다. 우리는 우리가 누구이며 무엇을 원하는지 알고 있다고 생각한다. 그때 자신의 새로운 모습을 가리는 맹점이 보이기 시작한다. 이런 맹점은 가능성을 보지 못하게 한다. 그러면 짜증스럽고 편안하지 않다. 장애물을 만난다. 사업에 실패하고 결혼에도 문제가 생긴다. 아이들을 대하기도 어렵다. 물론 맹점이 어려움의 유일한 원인은 아니다. 잠재력을 외치고 있지만 맹점을 보지 못하는 사람의 인생에서 이런 신호를 자주 발견한다.

내면의 갈등

맹점을 보는 또 다른 방식은 사회적 자아와 진정한(본질적) 자아 사이에서 발생한다. 《길을 헤메다 만난 나의 북극성 *Finding Your Own*

맹점파괴의 기술

North Star》의 저자 마사 베크(Martha Beck)는 이 둘을 구분했다. 진정한 자아는 타고난 개성을 사회적 자아는 사람들에 대한 반응으로 발전된 모습을 말한다. 문화적 규범과 기대로 형성된 사회적 자아는 성공하고, 목표를 이루고, 관계를 유지하고, 다른 사람들로부터 무언가를 얻어내게 한다. 이 두 자아는 일상적 선택 속에서 지속적으로 협상한다. 성공적인 삶은 사회적 자아가 넓은 목적을 향해 나갈 수 있는 방식으로 진정한 자아의 가능성을 실현하는 것이다. 이것을 가장 높은 최선의 목적이라고 부르고자 한다.

당신은 어떤 자아를 따르고 있는가? 둘 다 듣되 진정한 자아가 말하는 것을 주의 깊게 분별하기 바란다. 진정한 자아는 정서적 정보를 전달하는 통로로 신체적 느낌을 사용하기 때문에 시간이 필요하다. 휴식을 통해 그 정보를 느끼지 않으면 사회적 자아가 나타나 다투게 된다. 중요한 회의와 마감기한을 놓치고 내면에 차오르는 뜨거운 감정을 느낄 것이다. 당신이 똑바로 보든 보지 않던 이런 내면은 삶에 영향을 미친다!

이런 변화를 다루고 새로운 도전을 인식할 때 한 걸음 물러나 당신 인생을 엮고 있는 공통의 끈을 볼 수 있다. 당신의 목적의식은 혼란, 갈등, 변화라는 맹점 뒤에 가려질지 모른다. 하지만 자신에 대한 새로운 가능성을 볼 때 목적은 다시 나타날 것이다.

제2의 인생으로

오늘날 많은 주목을 받고 있는 인생 전환은 내가 '제2의 인생 (Second Adult Life)'이라고 부르는 변화이다. 베이비붐 세대가 장수할 경우 누릴 수 있는 새로운 인생 시기를 말한다. 제1의 인생이 경력, 금전, 가족, 다른 사람들의 필요에 대한 책임감에 집중하는 반면, 제2의 인생은 개인적 만족을 극대화하는 새로운 삶의 가능성으로 방향을 선회한다. 하지만 개인적 만족도를 이해하고 그것을 일상 계획으로 변화시키려면 새로운 사고방식과 행동 방식과 시간이 필요하다.

은퇴할 것인지를 결정하는 55세 전후의 직장인 집단에서 코칭 프로그램을 기획하는 동안 이들의 공통된 소망은 새로운 생활을 향한 자유라는 것을 알았다. 하지만 자유는 광범위한 의미를 지니고 있으며 일부는 개인적 맹점과 상당히 관련되어 있다. 나는 로저라는 사람을 상담했다. 그에게 자유란 제1의 인생에서 맹점으로 가려져 있던 영역을 알아볼 시간을 갖는 것이었다.

55세의 금융기관 CEO인 로저는 은퇴를 결심했다. 앞으로 무엇을 할 계획인지 물었을 때 그는 이렇게 말했다. "알고 싶은 모든 것을 배웠고 더 이상 배우고 싶지 않습니다." 로저같이 활동적인 기업인에게 이것은 놀라운 일이었다. 하지만 좀더 생각하고 로저를 관찰해보니 그럴 만했다. 일생 동안 로저는 성공과 책임을 촉구하는 사회적 기대에 따라 살았다. 그는 다른 목소리를 듣고 싶어했다.

로저는 좀더 설명했다. "사람들은 내가 CEO이기 때문에 원하는 대로 행동하고 통제하고 있다고 생각합니다. 하지만 권력과 리더십은 그런 것이 아닙니다. 이사회, 직원, 주주, 고객들의 요구와 필요에 대한 관심과 책임감뿐입니다. 수년 동안 내 자신의 필요에 대해 생각할 순간은 단 한번도 없었습니다. 내가 원하는 것을 생각하는 방법조차 모르겠습니다. 하지만 앞으로 알게 될 겁니다."

로저가 느끼는 것 중 일부는 업무와 관련되어 있다. 하지만 더 이상 배우고 싶지 않다는 것은 지적 활동을 추구하지 않겠다는 의지를 표현한 것이다. 그는 아무 책임 없이 자유를 느끼고 휴식하고 싶어 했다.

로저의 맹점 프로파일은 '내성적이고 분석적인 전략가' 타입이다. 업무상 그는 계속 정신적 강점을 사용해왔다. 그의 맹점은 다른 사람들로부터 소원해질 때 나타냈다. 그리고 스트레스가 상당히 증가했다. 일을 그만두자 로저는 아내가 선택하는 활동은 무엇이든 참여했다. 그저 함께 있고 싶었고 계획이나 책임 없이 시간을 나누고 싶었다. 아내와의 관계에 집중하고 있었다.

제2의 인생에서 로저는 새로운 자신의 모습을 발견할 시간을 갖고 있었다. 목적이라는 주제는 지금의 그에게 지적인 면이 너무 강했다. 그는 감정이 흐르는 대로 가고 있었다. 새로운 목적을 발견할 방법은 나름대로 알게 될 것이다.

맹점으로 가려져 있던 자신의 일부를 찾는 것과 더불어 로저는 심리학자 매슬로우가 설명한 욕구 단계 과정을 거치고 있었다. 매슬로우는 자아실현을 위해서는 특정단계의 욕구를 충족해야 한다고 믿었다. 첫 단계는 공기, 음식, 안식처 같은 생리적 욕구를 말한다. 두 번째는 안전과 안보에 대한 느낌을 수반한다. 세 번째는 소속과 애정, 누군가 우리를 배려한다는 욕구를 말한다.

자아실현은 우리가 적합한 역할을 찾고 평안한 느낌을 가질 때 비로소 이루어진다. 화가는 창의적인 표현을 해야 한다. 로저는 지력과 감성 둘 다에 연결된 느낌이 필요했다. 매슬로우 모형의 최상위 단계는 목적의식을 갖고 있을 때 성장하고 최고의 재능을 사용한다는 것이다.

이런 자아실현의 개념에 인생의 사명 혹은 목적에 대한 이해가 함축된다. 어떤 사람들은 제1의 인생에서 목적을 찾는 행운을 누린다. 다른 사람들은 제2의 인생에 집중한다. 빌 게이츠가 마이크로소프트 사를 떠나 지구촌의 질병 퇴치를 위해 재단에 전념하는 것을 볼 때 제2의 인생을 볼 수 있다.

당신의 목적 찾기

당신의 인생 목적은 아직 전개되지 않았을지 모른다. 인생 초반에 목적은 자신에 대해 배우고 기술을 개발하는 일에 집중된다. 경험을 하고 자신에 대한 지식을 획득하면서 도전과제의 패턴을 발견할 수 있다. 업무를 통해 영향력을 전파하는 강점을 사용하는 방법을 발견할지 모른다. 한 가지는 확실하다. 인지하든 못하든 목적은 움직인다. 우리가 맹점 뒤에 숨어 있을 때는 삶의 변화와 도전과제를 분투나 저항 없이 스스로 받아들이려고 할 뿐이다.

내 인생 목적은 나와 다른 사람들이 잠재력을 깨닫고 이를 사용하는 방법을 깨닫도록 돕는 것이다. 다른 사람의 인생에 기여하기 위해 내 강점을 효과적으로 사용하는 방법을 통해 이것을 배웠다. 내가 하는 일은 기쁨과 인생의 만족감도 준다.

지금 당신의 인생 목적은 무엇인가? 목적 선언문을 써보기 바란다.

당신의 목적 선언문은 내가 각 장마다 추가하도록 권유했던 자화상을 그리는 정보의 마지막 조각이 될 것이다. 이 질문에 답해왔다면 맹점을 발견하고 진실하고 목적에 충실한 자아를 발견하는 데 필요한 재료를 모았을 것이다. 어떤 성공 목표를 갖고 있더라도 선명한 시야를 가질 준비가 되었다. 이 질문에 답하지 않았다면 지금 돌아가서 답해보기 바란다.

마지막 장에서는 지금까지 배운 것을 당신 삶에서 중요한 사람들에게 전달하는 일을 돕고자 한다.

19

맹점의 삶에서 탈출하라

잠재력을 가로 막는 맹점에 빨리 눈뜰수록 활기와 영감을 주는 기회를 더 빨리 활용할 수 있다. 사람들은 맹점을 보고 선명한 시야를 얻을 때 이런 가능성을 전파할 생각에 흥분한다. 자기 일과 인생에 영향을 미치는 모든 사람들이 선명한 시야를 갖도록 돕고 싶은 것이다. 예를 들면 이렇다.

- 가정 내 관계를 개선하기 위해 배우자와 아이들의 맹점을 알고 싶어한다.
- 상사라면 업무 집단의 스트레스를 줄이기 위해 모든 구성원들이 맹점을 파악하고 보고하기를 원한다.
- 동료들의 맹점을 파악함으로써 팀이 더욱 협력하고 즐겁게 일할 수 있기를 원한다.

• 최고경영자는 전체 집단의 맹점을 파악함으로써 스트레스가 적
  고 생산적인 문화를 만들고자 한다.

　모든 사람들이 맹점에 대한 방어를 풀고 서로 균형 잡힌 피드백
을 구한다면 건설적으로 협력할 수 있고 새로운 가능성이 나타날
것이다.

　내가 비디오 촬영을 위해 메이크업 상담을 받고 있을 때 이 일에
호기심과 흥미가 있는 사람들이 나타났다. 메이크업 전문가와 맹점
에 대해 이야기를 나누고 있을 때, 양쪽에 여섯 명의 여성들이 앉아
있었다. 내 비디오 주제로 관심이 모아지면서 천천히 다른 대화가
멈췄다. 마침내 여성들이 말했다. "좀 크게 말해주시겠어요. 여기는
잘 안 들려요!"

　틈을 만들어 내는 남편, 아이들, 절친한 친구, 가족의 맹점에 대해
이야기하는 동안 나는 웃음을 지었다. 이 여성들은 다른 사람들의 맹
점에 영향을 미치고 싶어했다. 일반적인 반응이다. 항상 자기보다는
다른 사람의 맹점을 보기 쉽다.

　나는 45세에 첫 결혼을 앞두고 있는 미아라는 고객을 떠올렸다. 그
녀는 관계의 득실을 두고 갈등하며 남편 될 사람에 대한 맹점 분석을
하기 전까지 결정하지 못하고 있었다. 미아는 이 관계에 어떤 잠재적
균열이 있을지 알고 싶어 했다. 이것은 이해관계에 상충하며 남편 될
사람의 개인적인 일에 개입하는 것이라고 설명했다.

　미아는 잠시 후 돌아와 남편이 될 스티브가 나를 만나고 싶어한다
고 말했다. 그 역시 결혼의 잠재적 문제점을 우려했다. 나는 미리 규

칙을 정했다. 나 역시 비밀을 지키기로 했다. 대화 중 오간 것은 아무것도 미아에게 전달하지 않기로 했다. 미아와 스티브 사이에서도 거론하지 않기로 했다.

나는 비밀수사관으로 업무와 관련해 자기 맹점을 알고 싶어하는 스티브를 만났다. 우리는 관계의 문제로 나타날지 모르는 맹점의 종류에 대해서도 이야기 했다. 미아에 대해서는 한 마디도 하지 않았다. 그것은 두 사람이 해결할 문제였다. 미아와 스티브는 몇 년째 행복한 결혼생활을 해오고 있다!

맹점에 대해 다른 사람과 이야기할 때

당신의 삶과 직장에서 중요한 사람들과 맹점에 대해 이야기하는 것은 이해의 문을 활짝 열 수 있다. 하지만, 미아와 스티브의 상황처럼 한계를 존중하고 대화 분위기를 적절하게 할 필요가 있다. 여기 몇 가지 조언이 있다.

업무 관점에서 먼저 맹점을 이야기 할 것

맹점에 대한 이야기에 사람들은 민감할 수 있다. 하지만 맹점이 누군가의 승진이나 보상에 장애가 된다면 보다 적극적일 수 있다. 수년 간 행동을 바꾸지 않는 배우자와의 결혼 관계에서 우려 사항을 표한다고 하자. 하지만 똑같은 맹점이 중요한 승진과 연결되어 있다면 상대방은 당장 해결하려고 할 것이다.

 ⊙ 맹점파괴의 기술

미국 독립 전쟁 당시, 마르퀴스 라파예트는 경쟁과 목표 중심의 미국 문화를 관찰했다. 그는 단두대로 가는 줄이 있다 해도 미국인들은 앞다퉈 갈 것이라고 했다. 직장에서 1등이 되기 위한 경쟁으로 미국인들은 많은 일을 한다. 그 중에는 맹점을 생각하게 된 것도 포함된다.

나는 심한 스트레스로 인해 아내와 직원으로부터 쉬라는 말을 몇 년 동안 듣고 있는 한 사람을 알고 있다. 스트레스로 인한 행동이 부사장 승진에 걸림돌이 된다는 지적을 받고 그는 행동을 바꾸었다. 휴식하기 위해 애쓰고 행동을 바꾸기 위해 가능한 모든 일을 했다. 산책하고, 새로운 방식으로 대화했으며, 전화받는 방식도 바꾸고, 습관 전체를 바꾸려 노력했다. 석 달 후, 그는 전혀 다른 사람처럼 이야기 하고 행동했다. 승진을 했고 부산물로 가족과의 관계까지 좋아졌다!

하지만 주의할 것이 있다. 직장에서 성공하려는 욕구 때문에 맹점을 고려하는 반면 기준 설정에 관한 경쟁과 판단은 맹점을 털어 놓지 못하게 할 수 있다. 이것은 맹점파악의 원칙과도 일맥상통한다. 누군가의 맹점을 이야기할 때 기억해두면 유용하다. 다시 검토해보자.

중립으로 이동할 것

판단받거나 비난받는다고 느낄 때 우리는 맹점을 견지하는 편안한 행동을 고수한다. 6장에 나왔던 스티븐을 떠올려 보자. 전면 평가 보고서에서 꼴찌였다 최고가 되었다. 함께 한 것 중 무엇이 그런 차이를 만들었는지 묻는 질문에 이렇게 대답했다. "정확하게 알고 있습니다. 판단하지 않고 제 자신을 보게 해주었습니다. 그래서 이성적인 선택을 할 수 있었습니다.”

이것이 바로 맹점파악의 원칙이다. 중립으로 이동하라. 자기의 맹점을 숙고하려면 이렇게 할 필요가 있다. 다른 사람과 맹점을 이야기할 때도 두 사람 모두 중립으로 이동해야 한다. 그렇지 않으면 마음을 닫고 돌아서버릴지 모른다.

청소년 아이들과 일해 본 경험이 있다면 이런 현상을 분명히 이해할 수 있다. 청소년기는 판단에 매우 민감하기 때문에 입을 열기 전무언의 단서를 파악한다. 몸동작으로 판단하는 자세를 취하면 시작도 하기 전 대화를 끝낼 것이다. 나는 말을 끊고 대화를 관두는 경우도 보았다.

의심의 여지가 없다. 누군가의 맹점을 이야기할 때는 마음속에서 공동의 목표에 대한 중립적 관점에서 접근해야 한다.

▓ 긍정적인 가능성을 상상할 것

누군가와 맹점에 대해 이야기할 때는 긍정적 가능성에 집중해야 한다. 솔직히 누군가의 어떤 행동이 당신에게 거슬리기 때문에 맹점에 대한 대화를 주도하게 되었다면 문제는 당신이다. 자기 맹점에 대해 이야기해도 되겠다는 편안한 감정을 주는 것과 전혀 상반되기 때문이다.

우선 그 사람의 강점에 대한 이야기로 시작하라. 상대는 당신을 방어하기 보다는 대화가 중립으로 이동하고 긍정적인 가능성을 상상하게 될 것이다. 우리는 약점을 지적할 때보다 강점을 인정할 때 빨리 동의하게 된다.

누군가의 맹점에 대해 이야기하고 싶다면 자기 맹점부터 이야기하고 서로의 유익을 위해 긍정적인 가능성을 파악하라. 예를 들면 이런 식이다. "우리 관계에 있어 저를 편안하게 해주는 긍정적인 것들에 대해 이야기 하고 싶습니다. 제 스트레스 표출 방법이 최근 좀 방해가 되었던 것 같은데 어떻게 하면 바꿀 수 있을지 도움을 받고 싶습니다."

이런 방법으로 먼저 상대의 강점을 인정하고 자신의 맹점을 드러내라. 이 방식에 편안함을 느낄 때 상대도 따를 것이다. 또한 당신이 발견한 맹점에 대해 이야기하고 싶은 열린 토론을 할 수 있는 긍정적인 위치에 서게 된다.

성공에 집중할 것

항상 공동의 목표에 관해 맹점을 생각하라. 예컨대, 대화를 독점하는 누군가의 오래된 습관이 관계의 모든 측면을 불쾌하게 할 수 있다. 대신 파티를 하듯 연합 프로젝트에 집중하라. 그런 다음 그 일을 위한 집단 구성원의 강점과 잠재적 맹점을 거론하라.

파티를 열 때 당신 강점은 테이블 장식에서 나온다. 하지만 당신은 요리를 하고 손님들을 즐겁게 하는 것이 영 힘들다. 운 좋게도 파티를 계획한 파트너는 요리에 강점이 있으며 사람들과 대화할 때 맹점이 있다. 서로를 보완하는 방법으로 일을 분담하면 된다.

앞으로의 가능성을 위해 조금씩 단계적으로 접근할 때 성공 가능성이 높아진다.

강점을 활용할 것

맹점이 가리고 있는 분야에서 강점을 사용할 수 있다. 누군가 이 방법을 따르도록 도와주자. 만약 정신적 분야에 본능적 강점이 있는 사람이 당신 감정을 충분하게 파악하지 못한다면 감정에 대한 정보를 얻을 수 있는 적절한 질문을 하도록 도와줘라. 감정적인 영역에서 본능적인 강점이 있는 사람이 대화 중 당신을 지루하게 한다면 정신적이고 본능적인 측면을 보는 개념구조를 그리도록 도와주라.

너무 기대하지 않도록 하라. 누군가 바뀔 거라고 기대하지 않는 것이 좋다. 맹점으로 가려진 부분에서 강점을 발휘하기 위해 이미 잘하고 있는 것을 사용하도록 도와주라.

자신감으로 선택하라

맹점을 강점으로 바꿀 때 우리는 자신감 있게 느끼고 행동한다. 어떤 일을 하는 능력을 그 일에 대한 느낌에 맞추어 평가한다. 우리 뇌의 사고 측면과 감정 측면은 함께 조정되게 되어 있다.

다른 사람의 맹점에 접근할 때 스스로의 자신감에서 출발하라. 웨인 다이어(Wayne Dyer)는 《마법의 열쇠 *Ask and It Is Given*》라는 책의 추천사에서 "사물을 바라보는 방식을 바꿀 때 보는 것이 변한다"고 말했다. 맹점을 거론하는 것을 불편해 하는 사람에게 자신감을 보여주면, 자신감을 느끼고 거기에 동조하여 더 자신감을 느낄 수 있다. 그들 역시 양쪽 두뇌에서 나오는 정보를 종합할 것이다.

누군가가 자신감을 느끼게 하려면 자신감을 갖고 다가가야 한다.

맹점 파괴의 기술

맹점에 대한 관점 공유

관계에 영향을 미칠 서로의 맹점에 대해 누군가와 이야기할 때는 객관적인 정보가 필요하다. 이때 사용할 수 있는 몇 가지 모형을 소개한 바 있다. 맹점 프로파일, 맹점 360, 다섯 가지 맹점 프레임워크, 오래된 습관의 맹점 격자는 대화에 집중하게 해줄 것이다.

맹점에 대한 비공식적인 소규모 대화가 유용할 수 있다. 함께 일하는 팀 구성원 사이에서 맹점을 이야기하는 것도 종종 유용하다. 팀 공유 목표를 파악하는 것이 좋은 출발점이다. 구성원들이 맹점 프로파일과 맹점 360을 완성하고 서로 결과를 나누는 것이다. 토의하면서 각 구성원은 공동 목표를 추구하기 위해 다루어야 할 강점과 맹점을 파악할 수 있다. 이것은 팀 구성원의 기여도에 대해 현실적으로 기대하고 집단의 맹점을 파악하게 해준다.

하지만 경쟁자나 권위적 관계에 있는 사람들이 섞여 있을 때는 특별한 도움이 필요하다. 이런 역학은 중립적인 관점으로 이동하는 데 방해가 된다. 이런 대화를 구성할 때는 중재자를 두는 것이 최선이다.

중재자는 중립적 관점을 도출하고 안전한 범위 내에서 토론을 유지시킬 수 있는 인적 자원 전문가, 코치 혹은 컨설턴트가 될 수 있다. 특별히 어려운 맹점에 대해 개인적인 도움을 받을 수도 있다.

당신이 처한 상황에 적합한 전문가를 어떻게 선택할 수 있을까?

전문가 선택 기준

맹점에 대해 일할 전문인을 선택할 때 신뢰도와 경험을 신중하게 고려할 네 가지 핵심 영역은 다음과 같다.

1. 증명된 경험

당신과 유사한 환경에서 맹점을 다룬 입증된 경험이 있는가? 당신 같은 사람들이 맹점을 파악하고 강점으로 변화시키도록 도운 결과가 어떠했는가? 그들의 평가를 들어 볼 수 있을까?

2. 개인적인 판단 회피

당신을 가치 있게 느끼게 하고 개인적으로 판단하지 않는가? 무엇을 하도록 지시하지 않아도 이야기 나눌 정도로 편안하게 느껴지는가? 받아들일 수 있는 방식으로 균형 잡힌 피드백을 줄 만큼 편안한가? 동의하지 않을 때 격려하면서도 맞설 수 있을 만큼 강인한 사람인가?

3. 기밀 유지

대화가 기밀이라는 것을 어떻게 확신할 수 있을까? 이 사람이 당신과 이해관계가 상충할 사람을 위해 일한 적은 없는가? 당신을 위해 이 사람이 모아준 자료나 평가 도구는 무엇인가?

4. 학력과 자격증

이 사람의 훈련과정은 어떠한가? 자격증 프로그램을 완수한 경험이 있는가? 자격증을 갖추고 있는가? 상담, 심리학, 혹은 유사 분야에서 석사나 박사 학위를 가지고 있는가? 직접 이런 일을 하기 전에 지도를 받은 경험이 있는가?

예를 들어, 코치들은 종종 여러 단계의 자격증을 제공하는 코치훈련기구(Coaches Training Institute: CTI)나 국제코치연맹(International Coaching Federation)에서 훈련을 받는다. 커리어 카운셀러와 심리학자들은 주정부나 전문기구에서 자격증을 받는다. 각 직업의 전문성에 따라 고려할 특정 철학과 성향이 있다. 반드시 물어보기 바란다.

선명한 시야로 보는 세상

맹점파괴를 진지하게 받아들이는 개인, 집단, 조직과 일하면서 내가 발견한 가능성은 이렇다.

스트레스를 받거나 눈먼 상태로 소모되는 사람 없이 목표와 성과를 이루는 자신감 있고 생산적인 사람들은 자기 강점을 알고 지속적으로 맹점에 대해 수용적이다. 그들은 정기적으로 시야확보플랜을 갱신한다.

이런 사람들은 성공에 대한 끝없는 가능성과 업무 및 개인적인 삶의 기쁨을 알고 있다. 하고 있는 일에 대한 목적의식으로 충만하고 스스로 정한 커리어 목표를 성취한다. 또한 행동과 계획에 대한 균형 잡힌 관점을 갖기 위해 분석적이고 정서적인 두뇌를 모두 사용하며 변화를 느낄 때 결정을 재고하는 일을 두려워하지 않는다.

그리고 하는 일을 개선할 기회뿐만 아니라 강점에 대해서도 균형 잡힌 관점을 갖기 위해 노력하면서, 위험을 감수하고 실수를 인정한다. 다른 사람들에게도 균형 잡힌 피드백을 주는 법을 알고 있다.

이 사람들은 서로 연결되어 업무를 지지해 주는 긍정적 유대감을 창조하는 방법을 안다. 또 서로를 존중하고 차이를 인정한다. 토의할 때는 건설적인 범위를 설정하고 더욱 생산적이고 만족스러운 관계를 만들어 줄 문제나 관심사를 제기하는 것을 두려워하지 않는다.

열심히 일하지만 일과 생활의 균형도 맞출 줄 안다. 그런 균형이 없다면 스트레스와 에너지 부족으로 효과가 떨어질 수 있다는 것을 알고 있다. 또한 목적의식과 회복력을 나누는 가족과 친구들이 있다.

우리는 이들을 21세기에 성공한 사람이라고 부른다.

지난 15년 간 많은 고객들과 나눈 관계가 없었다면 이 책은 쓰지 못했을 것이다. 그들의 도전 과제와 승리는 맹점이 성공적이고 만족스러운 직장생활과 개인생활을 만든다는 것을 이해할 수 있었다. 그들은 잠재력이 가진 위력에 대해 가르쳐 주었다. 업무상 기밀을 유지해야 하는 특성을 존중하며 그들의 이야기를 실었다.

나머지는 출판을 하는 데 꼭 필요한 사람들이다. 지난 10년 간 마릴린 니마리치는 이 책의 원칙과 이야기를 공유할 것을 설득했다. 이 일이 진행되게끔 이끌어 준 대화와 격려를 소중하게 생각한다. 케이 델러노와 제리 그로스는 이 개념이 다음 단계로 갈 수 있도록 지침을 알려주고 도와주었다.

라일라 카인에게 특별히 감사한다. 재능 있는 작가이자 사상가인 그녀는 신중한 안내가 필요할 때 나타났다. 그녀의 제안은 늘 통찰력 넘치고 동기를 부여했다. 그녀가 없었다면 이 책은 완성될 수 없었다.

많은 사람들이 결정적인 시기에 아이디어를 발전시키는 데 도움을 주었다. 잭 버퀴스트(Jack Bergquist), 에드 파루올로(Ed Faruolo), 메이브 라이언(Maeve Ryan), 케이 클라크(Kay Clarke), 데일 커쉬(Dale Kersch), 조이스 험프리(Joyce Humphrey), 캐시 마샬(Kathy Marshall), 션 크로닌(Sean Cronin)은 원칙과 전략의 진화를 토의하는 과정에 참여했다. 킴 월트맨(Kim Waltman)은 원칙을 효과적으로 보여주는 사례와 발표를 개발하는 데 도움을 주었다. 폴과 캐시 코넬리(Pall, Kathy Connelly)는 개념을 실제 방편으로 옮기도록 협조해주었다.

내 비서 에드 클래플린(Ed Claflin)은 책이 전개되는 전 과정에서 발생하는 문제에 관해 조언하며 중요한 기여를 했다. 그는 유쾌하고 원기 왕성한 사람이다. 그 지혜와 경험에 감사한다.

존 와일리 앤 선즈(John Wiley & Sons)사의 편집위원 로리 하팅(Laurie Harting)을 알게 된 것도 큰 행운이다. 그녀는 자신의 일에 비전과 열정을 보여주고, 이 책이 완성되도록 지대한 기여를 하면서 모든 측면에서 지속적이고 열정적인 후견인이 되어 주었다. 디자이너 마이클 프리랜드(Michael Freeland)는 이 책이 탄생하도록 표지를 완성시켜 준 재능 있고 창의적인 젊은이다. 브라이언 네일(Brian Neill)과 와일리 사의 팀원들은 항상 일이 순조롭게 진행되도록 도왔다. 미지 틸니(Midge Tilney)와 케이프 코드 컴포지터(Cape Cod Compositors) 팀은 원고가 출판물로 변모하는 과정에서 세심한 주의를 기울여 주었다.

 맹점파괴의 기술

　이 일을 하는 동안 너그럽게 지지해준 제인 아모디오(Jayne Amo-dio), 엘리 크리스먼(Ellie Crisman), 로리 페트리콘(Lori Petricone), 켈리 헤이어스(Kelly Hayes), 리즈 페린(Liz Perrin)에게 특별히 감사하지 않을 수 없다.

　마지막으로, 언제나 나를 지지하는 남편 짐 쉘톤(Jim Shelton)에게 감사한다. 저술을 위해 오랫동안 자리 비우는 것에 대해 아무 말 없이 받아들여 주었다. 종종 내가 이 책에 대한 생각으로 숨어 있는 동안 일상적인 일을 도맡아 주었다. 짐이야말로 내 맹점을 수용하고 인생에 선명한 시야를 가져다주는 사람이다.

이 책에 소개된 모든 맹점파괴 도구에 대한 설명

도구(소개된 순서대로)	참고할 부분
다섯 가지 맹점 프레임워크	26쪽의 프레임워크 표본. 1장과 2장에 소개된 자기 맹점 발견
맹점수정계획	맹점을 강점으로 바꾸기 위해 유념해야 두 세 단계의 문장으로 1장, 2장에서 소개. 책 전체를 통해 사례로 소개됨.
자화상	맹점 파악에 유용한 정보로 각 장 마지막에 나오는 질문에 대한 대답을 통해 모을 수 있음. 자화상은 1장에서 소개되었고 3장에서 좀더 상세하게 설명되었음.
맹점을 다루는 우선순위 전략	52쪽의 표. 3장에서 소개된 이 툴은 어떤 맹점에 주의를 기울이고 어떤 맹점에 대한 진상을 조사해야 할지 파악하도록 도와줌.
맹점 프로파일	62쪽의 맹점 프로파일 매트리스. 63~65쪽의 아홉 가지 모형에 대한 설명. 4장에 소개된 자기 맹점 진단용 도구.
토의형식 : 저의 강점과 맹점을 어떻게 보십니까?	74쪽의 토의 형식. 당신의 강점과 맹점에 대한 사람들의 견해를 들어 보는 일대일 대화에 사용할 수 있도록 5장에서 소개한 토의 지침.

맹점 360	77~78쪽의 설명. 다른 사람들이 당신의 맹점을 어떻게 보는지 발견하는 툴로 5장에서 설명되었으며, 그룹이 사용할 수도 있음.
자신감 삼각형	14쪽의 삼각형. 개인적인 맹점의 근원을 파악하도록 10장에 소개된 도구. 시야 확보 전략 사례에서 여러 차례 사용됨.
강점 선언문	11장에 소개됨. 자신감을 주는 본능적인 강점을 포함한 핵심 강점을 스스로 진단하는 도구.
오래된 습관의 맹점 격자	161쪽의 격자 표본. 오랫동안 지녀 온 맹점을 스스로 파악하도록 12장에 소개한 도구.
단절의 특성	202쪽의 목록. 다른 사람들과의 연결과 단절을 방해하는 행동을 파악하기 위해 15장에서 사용한 도구.
그룹 맹점 파인더	224쪽의 파인더. 문화, 사고 방식, 성별, 인종, 종교, 장애, 민족, 나이, 경제적 지위, 성적 성향의 문제를 포함하는 집단의 맹점을 파악하기 위해 17장에 소개된 도구.
목적 선언문	인생의 중심적 초점을 파악하기 위해 18장에 소개된 도구. 해야 할 일에 대한 지속성과 헌신을 가질 정도로 인생을 충분히 경험할 때까지 명확하지 않을 수 있음.

다섯 가지 맹점 프레임워크

당신의 맹점을 분석하는 한 가지 방법은 업무 상 나타날 수 있는 가장 흔한 다섯 가지 맹점 각각을 생각해보는 것이다.

잘못 사용된 강점	너무 적게 사용하거나 많이 사용하는 강점이다. 지나치게 즐기고, 드러내려 하고, 절제된 의사소통을 하지 않는 것 등이 이에 해당됨.
오래된 습관	과거에는 성공적이었지만 더 이상 효과가 없는 오래된 습관에 의지하는 것
스트레스 표출	스트레스를 받을 때 당신 행동이 다른 사람들에게 미치는 영향. 산만한 행동이나 마감을 넘기는 일은 다른 사람들을 좌절시킨다 등이 이에 해당됨.
고장 난 레이더	당신이 주고받은 무언의 단서를 무시하는 것. 화난 몸짓, 다른 사람들이 당신 존재에 대해 느끼는 감정이나 단서를 인식하지 못하는 것 등이 이에 해당됨.
단절	의사소통에 중요한 요소를 무시함. 사례: 경청하지 않거나 관계 맺지 않음

나 〱 다른 사람들	보인다	보이지 않는다
보인다	BOX 1: 공격 개시	BOX 2: 다른 사람들의 정보가 필요함
보이지 않는다	BOX 3: 자화상 업데이트	BOX 4: 불만을 조사할 것

맹점을 다루는 우선순위 전략

순간적인 사고 경향

순간적인 감정 경향	감정을 우선 읽음	의견을 우선 읽음	본능을 우선 읽음
외향형	낙천적인 시각 중심의 연출가	원기 왕성하게 새로운 방향을 시도하는 모험가	단호한 실행자
대인형	따뜻한 관계 건축가	실용적인 의문 제기형 충신	책임감 있는 품질 관리자
내향형	민감하고 명민한 창조자	내성적이고 분석적인 전략가	공감하고 갈등을 피하는 외교가

맹점 프로파일 매트릭스

맹점 프로파일

9가지 모델의 최대 강점과 잠재적인 맹점

낙천적인 시각 중심의 연출가

- 순간적인 사고 성향 : 감정을 먼저 읽어 낸다.
- 순간적인 감정 성향 : 외향적이다.
- 최대 강점 : 에너지 넘치는 멀티태스커(multitasker)로 가치 있는 프로젝트를 많이 만들어 낸다.
- 잠재 맹점 : 지속적인 멀티태스킹은 혼란과 주저함을 가져올 수 있다. 주변의 압박을 느끼면 순식간에 열정이 식어버려 포기한다.

낙천적인 시각 중심의 연출가형은 자기가 하고 있는 일을 사람들에게 지속적으로 이야기하면서 사람들을 자기 계획에 참여시키면서 일을 해낸다. 학교에서 이런 사람들은 학급, 팀, 활동을 주도한다. 성취할수록 더 존중받는 느낌을 받는다. 순간적인 사고 성향을 통해 하고 있는 일이 다른 사람들 감정에 어떤 영향을 미치는지 조율한다. 이런 이유로 종종 그들은 마케팅, 커뮤니케이션, 이미지 제안을 맡기도 한다. 순간적인 감정 성향을 통해 행동을 취해야 할 이미지를 전달하는 방식으로 사람들에게 방향을 지시한다. 사람들이 행동하도록 동기를 부여하는 감정을 조율하기도 한다.

이러한 유형의 사람들이 맹점에 빠질 경우, 너무 많은 프로젝트를 시

맹점파괴의 기술

작하여 혼란스러워 하며 쉽게 결정을 내리지 못한다. 보통은 자신 있고, 낙천적이며, 동기를 부여하지만, 맹점에 가려지면 사람들로부터 멀어질 수 있다. 시간이 길어지면 자신감을 잃고 부정적인 감정에 사로잡혀 패배감을 느낄 수 있다. 속도를 줄여, 우선순위를 세우고, 선명한 시야를 되찾을 때 원하는 일을 효과적으로 이룰 수 있는 관점을 회복할 수 있다.

원기 왕성하게 새로운 방향을 시도하는 모험가

- 순간적인 사고 성향 : 의견을 먼저 읽어 낸다.
- 순간적인 감정 성향 : 외향적이다.
- 최대 강점 : 지속적으로 새로운 아이디어를 주도한다. 열정이 에너지와 흥분을 일으킨다.
- 잠재 맹점 : 과도하게 의욕적인 아이디어로 인해 실패에 늘 노출되어 있다.

원기 왕성하게 새로운 방향을 시도하는 모험가는 돌아다니기 좋아하고 새로운 아이디어에 대한 열정으로 반응한다. 학창 시절 이들은 학교 공부를 지루하게 느끼는 반면 학교 밖에서 모험을 즐기며 열심히 활동한다. 이 사람의 순간적 사고 성향은 자기가 생각하는 것을 주위 사람들에게 어떻게 전달할지 조율하는 것이다. 주로 외향적인 감정 성향을 갖고 있기 때문에 관심이 가는 새로운 의견을 모든 사람에게 이야기한다. 그러다 새로운 아이디어가 떠오르면 이전 생각은 잊어버린다. 이들에게는 순간을 살아가는 것이 자연스럽다.

새로운 아이디어에 대한 에너지를 창출할 때 훌륭한 기업가가 될 수 있으며, 치밀한 행동 방침 없이도 편안함을 느낀다. 성공하기 위해서는 의견을 구성하고 규명하고 실행할 배후의 사람이나 조직을 필요로 한다.

맹점에 사로잡힐 때 새로운 의견에 갇힌 나머지 의견 실행에 필요한 구조와 질서를 무시한다. 체계와 실행에 대한 초점의 결여가 문제의 근원일 경우 다른 사람들을 비난하고 비판할 수 있다. 선명한 시야를 얻으면, 속도를 늦추고, 계획하며, 우선순위를 세우고, 일을 해내기 위해 집중한다.

단호한 실행자

- 순간적인 사고 성향 : 본능을 먼저 읽어 낸다.
- 순간적인 감정 성향 : 외향적이다.
- 최대 강점 : 큰일을 성공적으로 해낸다.
- 잠재 맹점 : 지나치게 대립하거나 과시한다. 존중받지 못하면 적의를 드러낼 수 있다.

계획하는 방법을 모르는 무질서한 집단 가운데 단호한 실행가형이 있으면 몇 분 만에 혼란이 정리된다. 이 사람은 사람들의 능력과 운영 능력을 이해하기 위해 본능을 먼저 생각한다. 외향적인 감정 성향으로 쉬운 방침을 만들어 사람들을 도울 수 있다.

권력과 통제에 관심이 있으며 본능적으로 훌륭한 경영감각을 가진 듯하다. 맹점에 사로잡힐 경우, 너무 단호해서 사람들이 멀리 할 수 있다. 그 단호함에 사람들이 저항하면 의심하고 진가를 인정받지 못하는 느낌을 받을 수 있다. 더 부드럽고, 덜 지배적인 측면을 표현함으로써 선명한

맹점파괴의 기술

시야를 얻고 사람들과 다시 유대감을 가질 수 있다.

따뜻한 관계 건축가

- 순간적인 사고 성향 : 감정을 먼저 읽어 낸다.
- 순간적인 감정 성향 : 외향적이다
- 최고 강점 : 사람들의 강점과 필요를 본능적으로 이해한다.
- 잠재 맹점 : 감정을 적절하게 주고받지 못하면 개인적인 약점을 지나치게 확대 해석한다. 교묘하게 부정적인 감정을 피하려고 할 수 있다.

따뜻한 관계 건축가를 만나면 당신에 대한 그들의 관심과 집중을 느낄 수 있다. 사람들을 연결시키는 재능이 있으며, 사람들의 호응을 불러내는 명분이나 사업을 일으키기 위해 이 재능을 사용한다. 감정을 우선적으로 읽어 내는 사고 성향은 사람들의 개인적인 필요와 감정에 익숙하고 이런 지식을 사용하여 타인을 이해한다. 외향적인 감정 성향은 이런 관계를 강화한다. 사실, 관계 건축가가 사람들을 대하는 것을 보면 이야기 나누는 사람의 몸 동작을 무의식적으로 따라 하는 경우를 볼 수 있다. 공감을 표현하는 자연스러운 방법이다. 이 사람들은 효과적으로 네트워크를 맺고 일을 해낸다.

따뜻한 관계 건축가가 오랫동안 사람들의 인정을 받지 못할 경우, 맹점이 나타날 수 있다. 자신감이 결여되어 뒷걸음질 치는 모습을 보인다. 한편으로는 관심을 끌기 위한 행동을 하는 등 사람들이 자기를 인정하도록 무의식적으로 자극할 수 있다. 사람들에게 자기의 필요와 관심을 좀

더 직접적으로 분명하게 말함으로써 대인 관계 기술을 효과적으로 사용할 수 있는 시야를 확보 할 수 있다.

실용적인 의문 제기형 충신

- 순간적인 사고 성향 : 의견을 먼저 읽어 낸다.
- 순간적인 감정 성향 : 대인형
- 최고 강점 : 사람들과 의견과 전략의 실행 가능성을 검증하기 위해 노력한다.
- 잠재 맹점 : 검증에 집중한 나머지 자신감을 잃고 중요한 결정을 미룰 수 있다. 분석마비가 일어난다.

실용적인 의문 제기형은 의견을 먼저 읽어 내는 사고 성향과 대인형의 감정 성향을 사용한다. 사람, 조직, 헌신한 명분에 대한 생각을 지속적으로 검증하고 토론하는 일에 집중한다는 뜻이다. 관리자나 지도자들의 능력을 검증할 기회가 있을 때까지 신뢰도를 의심하면서 프로그램, 프로젝트, 사람의 가치를 지속적으로 평가한다. 목표에 전념하기 전에 검증하고 싶어 한다. 일단 신뢰할 만하다고 느끼면 인내하고 희생할 것이다. 실용적이고, 책임감 있으며, 유능한 관리자와 지도자를 만들어 낼 수 있다.

맹점이 나타날 때, 의문과 논쟁에 지나치게 사로잡힌다. 사람이나 조직을 믿지 못하므로 결정을 미룬다. 시야를 확보하기 위해서는 빈틈없는 지성과 철저한 탐구를 통해 스스로를 믿고 분명한 선택을 해야 한다. 이들의 균형 잡힌 리더십과 목표에 대한 헌신은 효과적인 행동을 하게 한다.

맹점파괴의 기술

책임감 있는 품질 관리자

- 순간적인 사고 성향 : 본능을 먼저 읽어 낸다.
- 순간적인 감정 성향 : 대인형
- 최대 강점 : 옳은 일을 하기 위한 본능적인 자기 규율과 기준
- 잠재 맹점 : 목표 추구에 대해 너무 진지하고 과도한 책임을 느낄 수 있다. 지나치게 집중하면 쉽게 분노하거나 유연하지 못한 모습을 보인다.

책임감 있는 품질 관리자는 일을 올바르게 하는 방식에 대한 훌륭한 감각을 가졌다. 마케팅 계획, 재무제표, 새로운 조직, 제품이나 공정, 그 어떤 것을 만들더라도 이 사람은 높은 기준과 올바르게 성취하겠다는 목표를 추구한다. 본능을 먼저 읽어 내는 사고 성향으로 사람들의 능력과 특성을 이해하며, 이 감각을 통해 일을 잘 해내는 계획을 세우는 방법을 알고 있다. 대인형의 감정 성향은 사람들에게 자기 생각을 표현하게 해 준다. 따라서 사람들과 더불어 목표를 이루는 기준을 정하는 방법을 이해하고 알아낸다. 그들의 기준에 가까운 방식으로 목표를 성취할 때 행복을 느낀다.

책임감 있는 품질 관리자는 목표에 대한 관심으로 훌륭한 경영을 해온 오래된 조직이나 집단의 지도자일 수 있다. 하지만 자기 기준에 지나치게 집중하여 사람들의 의욕을 상실시키고 세부적인 것까지 간섭하지 않도록 주의해야 한다. 완벽주의를 향한 노력이 무시당할 때는 분노를 점검할 필요도 있다. 선명한 시야를 통해 유연성, 에너지, 높은 기준을 세우고 변화하는 조건을 수용할 수 있는 목표에 대한 헌신을 갖게 된다.

민감하고 명민한 창조자

- 순간적인 사고 성향 : 감정을 먼저 읽어 낸다.
- 순간적인 감정 성향 : 내향적이다
- 최대 강점 : 사람들을 돕고 조직의 정서적 필요와 상태를 이해하기
  위한 독특하고 창의적인 방법을 찾기 위해 노력한다.
- 잠재 맹점 : 마니아적 기질로 인해 사회적 기대를 무시할 수 있다.
  과로로 병이 날 수 있다.

민감하고 명민한 창조자는 사건, 사람, 상황의 깊이 있는 의미를 이해한다. 의사소통, 글쓰기, 예술적 표현, 심리학, 상담, 혹은 문화적 연구에 집중하기도 한다. 감정을 먼저 읽어 내는 사고 성향과 내향적인 감정 성향은 매일 깊은 자기 성찰로 인도하고 다른 사람들의 경우 준비되지 않는 인생의 사건을 이해하게 해준다. 이런 과정에 대한 집중은 고독과 감동을 줄 수 있다. 하지만 감정을 느끼는 절차가 너무 내향적이기 때문에 사람들은 그들의 외면적인 태도나 행동만으로는 그렇게 집중하고 있는 것을 모를 수 있다.

민감하고 명민한 창조가형은 조직, 특히 마케팅, 커뮤니케이션, 경영 계발 분야에서 독특한 관점을 제공할 수 있다. 고독이나 소진을 일으킬 수 있는 내적 감정에 치중하는 잠재적인 맹점을 특히 자각할 필요가 있다. 시간을 갖고 집중적인 감정 프로세스의 균형을 잡는 일이 시야 확보에 중요하다.

- 순간적인 사고 성향 : 의견을 먼저 읽어 낸다.
- 순간적인 감정 성향 : 내향적이다
- 최대 강점 : 숲과 나무를 함께 보는 통찰력 있는 조직 운영 능력
- 잠재 맹점 : 너무 앞서가면 오히려 목표에 냉담하거나 초연해질 수 있다. 성과에 대한 압박을 받을 경우 독재적인 면을 드러낼 수 있다.

내성적이고 분석적인 전략가형은 문제나 체계를 보이고, 전략과 전체 상황의 세부적인 것을 조직적으로 검토하고, 통찰력 있는 관점을 내놓는 독특한 능력이 있다. 의견을 먼저 읽어 내는 사고 성향과 내향적인 감정 성향을 사용하여 대부분의 사람들보다 훨씬 더 깊이 생각한 독특한 해결책을 명시한다. 정서적으로 내성적인 편을 선호하는 것은 깊이 있는 정신적 프로세스에 필요한 중립적인 관점을 가질 수 있기 때문이다.

이런 유형의 사람이 맹점에 사로잡힐 경우, 냉담하고 무관심해져서 개인적인 토의와 유대감을 원하는 사람들의 필요를 무시할 수 있다. 자기 생각에 너무 갇혀서 때로는 간단한 대답이면 만족할 사람들에게 오래 동안 이야기할 수도 있다. 이 내성적이고 분석적인 전략가들은 시간이 허락하는 한 피드백에 후한 편이다. 선명한 시야를 갖기 위해, 이런 맹점을 인지하고 효과적인 관계에 필요한 사회적 만남과 공감을 발전시켜야 한다.

공감하고 갈등을 피하는 외교가

- 순간적인 사고 성향 : 본능을 먼저 읽어 낸다.
- 순간적인 감정 성향 : 내향적이다
- 최대 강점 : 다른 사람의 입장에서 그들의 필요를 이해하기 위해 노력한다. 집단을 하나로 만드는 탁월한 촉진제를 만든다.
- 잠재 맹점 : 다른 사람들의 필요에 빠져 자기 필요를 잊는다. 부정적인 피드백을 회피한다.

공감하고 갈등을 피하는 외교가형은 갈등과 문제, 소란을 해결하는 방법을 주도하기 위해 다른 사람들의 입장에 서보는 타고난 능력을 사용할 때 가치 있는 팀원으로 인정받을 수 있다. 사람들의 능력과 특성에 대한 본능적인 감각이 있다. 내향적인 감정 성향과 결합되면, 사람들이 가능한 가장 조화로운 방식으로 협력할 수 있는 방법의 진수를 알아낼 것이다. 스스로를 위해서라도 평화로운 환경을 바라며, 대립, 갈등, 비판, 자연스러운 일의 속도와 방식을 어긋나게 하는 요구에 고민한다.

사람들은 공감하고 갈등을 피하는 외교가형을 이해하기 어려울지 모른다. 다른 내향적인 사람들처럼, 이 사람 역시 내부적으로 많은 것을 처리하기 때문에 사람들은 일상적인 사고의 일부 밖에 인식하지 못한다. 지나친 압박이나 스트레스를 받을 때 맹점이 발생하며, 사람들과의 유대감을 잃는다. 이런 상태에서는 비판에 지나치게 민감할 수 있고 삶의 우선순위를 지키는 자제심을 잃을 수도 있다. 선명한 시야를 가질 때 이들은 그저 주위 사람들을 잘 이해하는 의사 표시만으로도 조직이나 팀의 기능에 주요한 변화를 만들 수 있다.

맹점파괴의 기술

1. 저의 최대 강점이 무엇이라고 보십니까?

2. 인간관계에서 저의 최대 강점은 무엇이라고 보십니까?

3. 스트레스 관리 차원에서 다른 사람에게 더욱 스트레스를 주는 부분이 있습니까?

4. 처음 만났다면, 제가 말을 하기 전에 어떤 인상을 받으셨습니까?

5. 어떤 사람들은 정보를 매우 신속하게 읽습니다. 제가 정보를 획득하는 것에 대해 어떻게 보십니까? (예컨대, 본능적인 반응, 직관적인 느낌, 순간적인 개요 파악). 제가 무언(nonverbal)의 정보를 놓치는 것에 대해 목격하신 바가 있습니까?

6. 다른 사람들과의 커뮤니케이션입니다.

   • 저는 접근할 만한 사람입니까?

   • 제가 다른 사람들과 어떻게 관계를 맺습니까?

   • 제가 의견 차이를 어떻게 처리합니까?

   • 제가 다른 사람들의 기여를 충분히 인지합니까?

   • 제가 사회적으로 정치적으로 지각 있다고 보십니까?

7. 다른 사람들과의 관계에 영향을 미칠 수 있는 것 중에 제가 보지 못하는 맹점이 있습니까?

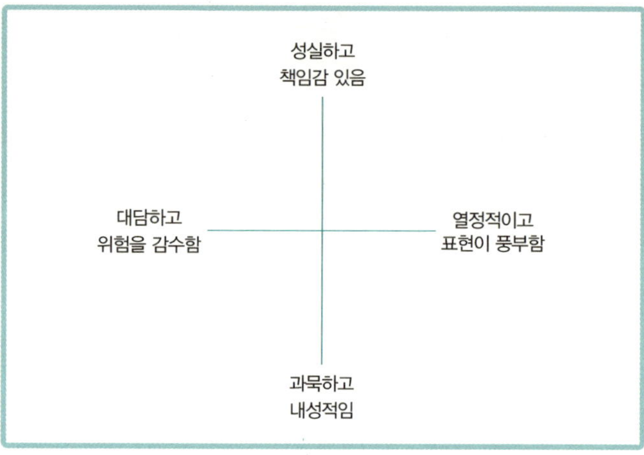

오래된 습관의 맹점 격자 : 네 가지 방향 중 어떤 측면이 과도한가?

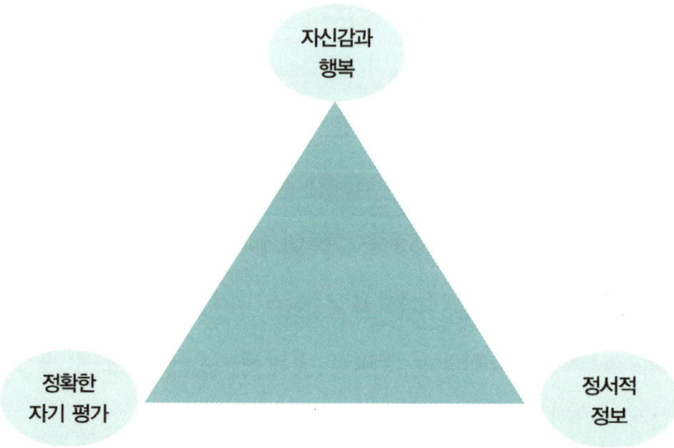

기술과 능력에 대한 정확한 자기 평가가 그런 능력에 대
한 긍정적인 정서적 정보와 결합될 때 자신감과 행복이
증대된다.

자신감 삼각형

맹 점 파 괴 의 기 술

단절의 특성

맹점을 키우고 있으면 우리의 언어와 그것이 다른 사람에게 미치는 영향을 보지 못할 뿐 아니라 관계의 본질도 놓친다. 서로 연결점이 줄어들면, 길을 잃게 된다. 단절은 다음과 같은 경우에 나타난다.

- 접근하기 어려워 보인다. 접근할 수 없고 신뢰할 수 없으며 불편해 보이는 사람은 우리가 말하는 것에 관심이 없다.
- 참여하지 않는다. 분명히 말하지 않고 다른 사람의 말을 경청하지 않으며, 유용한 피드백도 제공하지 않을 때 설득력 있는 의견 또한 내놓지 못한다.
- 다른 사람의 공헌을 무시한다. 다른 사람의 공을 가로채고 그들이 한 일이 얼마나 가치 있는지 알리지 않는다.
- 판정하고 갈등을 일으킨다. 다른 사람을 판단하고 문제를 일으키는 것은 갈등과 단절을 유발한다.
- 사회적인 기술이 부족하다. 어리다는 이유로 다가가지 않고 이해하려 하지 않고 책임을 전가한다. 이런 행동은 관계를 파괴한다.

그룹 맹점 파인더

1. 다음 영역 중에서, 이 그룹과 함께 목표를 달성할 때 영향을 받을 수 있는 신념이나 맹점이 있다고 느끼는 것에 체크해보라.

____ 문화   ____ 사고방식이나 학습 방식

____ 성   ____ 인종

____ 종교   ____ 민족

____ 장애   ____ 나이

____ 경제적 지위   ____ 성적 성향

2. 집단 구성원의 대다수가 가진 신념 중에서 목표를 달성하는 효과에
   영향을 줄 수 있다고 느끼는 것은 무엇인가?

3. 이런 신념은 당신의 효과성에 구체적으로 어떤 영향을 주거나 제한
   하는가?

4. 성공할 가능성을 높이기 위해 어떤 구체적인 단계를 취할 수 있을까?

맹점파괴의 기술

참고문헌

참고문헌

1장

Dennis W. Bakke, *Joy at work* (Seattle, WA:PVG, 2005).

Malcom Gladwell, Blink: *The Power of Thinking Without Thinking* (New York: Little, Brown and Company, 2005).

Paul D. Tigger and Barvara Barron-Tiger, *Do What You Are* (Boston: Little, Brown and Company, 1995).

2장

Arthur L. Williams, "Belive It's Possible," in Jack Canfield, The Success Principle: *How to Get from Where You Are to Where You Want to Be* (New York: HaperCollins Publishers, 2005).

3장

Stephen Covey, *The Seven Habits of Highly Effective People* (New York: Fireside, 1990). Part 1 provides an interesting chapter on personal paradigm.

Trevor Gandy, cited in "Invisible Resume Has Real Value," *Hartford Courant* (January 23, 2006).

Daniel Goleman, *Working with Emotional Intelligence* (New York: Bantam Books, 1998).

4장

Isabel Briggs Myers and Peter Myers, *Gifts Differing* (Palo Alto, CA: Consulting Psychologist Press, 1980).

Helen Palmer, *The Enneagram* (San Francisco: HarperSanFrancisco, 1991).

Janet Levin, *The Enneagram Intelligences* (Westport, CT: Bergin&Garvey Paperback, 1999).

6장

J. Paul Getty, quoted in Jack Canfield, Mark Vitor Hansen, and Les Hewitt, (Deerfield Beach, FL: Health Communications, Inc., 2000).

Daniel Goleman, *Working with Emotional Intelligence* (New York: Bantam Books, 1998),

Chapter 4, "The Inner Rudder."

Manager self-assessment: Richard Boyatsis, *The Competent Manager: A Model for Effective Performande* (New York: John Wiley&Sons, 1982).

Antonio Damasio, *The Feeling of What Happens* (New York: Harcourt Brace, 1990).

Study of high performers: Diane Nilsen and David Campbell, "Self-Observer Rating Discrepancies: Once an Overrater, Always an Overrater?," *Human Resource Manager* (Summer/Fall 1993).

7장

Daniel Gilbert, *Stumbling on Happiness*(New York: Alfred A. Knopf, 2006).

Robert Allen, "Release the Brakes" in Jack Canfield, *The Success Principles* (New York: HaperCollins, 2005).

Jim Collins, *Good to Great* (New York: HaperCollins, 2001).

The reference to Fichard Davidson's research is from Daniel Goleman, *Working with Emotional Intelligence* (New York: Bantam Books, 1998), Chapter 5.

8장

Napoleon Hill, *Think and Grow Rich* (New York: Random House, 1960)

Facts on importance of financial goal and reference to work of Dr. Amy Wrzeniewski, His Holiness the Dalai Lama and Howard C. Culter, M. D., *The Art of Happiness at Work* (New York: Riverhead Book, 2003).

Why people work statistics: 2006 MetLife Employee Benefits Trend Study, *Executive Insider* (March 13, 2006).

Department of Labor statistics: Tom Rath and Donald O. Clifton, *How Full Is Your Bucket?* (New YorkL Gallup Press, 2004).

Abby Ellin, "Was Earning That Harvard M.B.A. Worth It?" *New York Times*(June 11, 2006)

"I Have One Life and It Must Come Together," *Inc.* Magazine(October 2003), 60

Malcom Gladwell, *Blink* (New York: Little, Brown and Company, 2005).

9장

Entrepreneurs: Ann Graham Ehringer, *Make Up Your Mind* (Los Angeles: Merritt Publishing, 1995).

Brain functioning: "The Sources of gut Feelings" in Daniel Goleman, *Working with Emotional Intelligence* (New York: Bantam Books, 1998).

Eomtional Brain: Albert Mehrabian study in Robert K. Cooper and Ayman Sawaf,

Executive EQ: Emotional Intelligence in Leadership and Organizations (New York: Perigree Books, 1998).

Henry Reed and Brenda English, *The Intuitive Heart* (Virginia Beach, VA: A.R.E Press, 2000).

Shafica Karagulla, *Breakthrough to Creativity* (Marina Del Ray, CA: DeVorss and Company, 1967).

Elaine N. Aron, *Then Highly Sensitive Person* (New York: Broadway Books, 1997).

Jack Canfield, Mark Victor Hansen, and Les Hewitt, *The Power of Focus* (Deerfield Beach, FL:Health Communications Inc., 2000).

10장

On Confidence: Mike Krzyzewski, *Leading with the Heart* (New York: Warner Business Books, 2000).

11장

Marcus buckingham and Donald O. Clifton, Now, Discover Your Strengths(New York: Free Press, 2001).

Stephen Covey, *The Eighth Habit* (New York: Free Press, 2004).

Antonio Damasio, *The Feeling of What Happens* (New York: Harcourt Brace, 1999).

Belle Linda Halpern and Kathy Lubar, *Leadership Presence* (New York: Gotham Books, 2004).

Student strengths: Claudia Marshall Shelton and Robbin Stern, Ph. D., *Understanding Emotions in the Classromm* (Port Chester, NY: National Professional Resources, 2004).

12장

Tom Market, *You Can't Win a Fight wih Your Boss* (New York: HarperCollins Publishers, 2005).

Marie G. McIntyre, *Secrets to Winning at office Politics* (New York: St. Martin's Griffin, 2005).

13장

Paul Connelly, Human Resource Measurement, www.PerformancePrograms.com web site, March 12, 2006.

Monica's stress patterns: a useful instrument to identify underlying blind spot related stress patterns is the *hogan Development Survey*. See www.PerformancePrograms.com for more information.

David Allen, *Getting Things Done: The Art of Stress-Free Productivity* (New York: Penguin Books, 2003).

Jim Loehr and Tony Schwartz, *The Power of Full Engagement* (New York: Simon&Schuster, 2003).

Reaearch studies: Mishlove, J., "Intuition: The 'X' factor in Business," Journal of Creativity, 1990, and F. Marton, P.J. Fensham, and S.D. Chaiklin, "A Nobels, Eye View of Scientific Intuition: Discussions with the Nobel Prize Winners in Physics, Chemistry, and Medicine, 1970-1986," *International Journal of Scinece Education* 16 (February 1996):65. Found in Robert K. *Cooper and Ayman Sawaf, Executive EQ* (New York: Perigree trade Paperback, April 1998).

14장

Dale Carnegie, *How to Win Friends and Influence People* (New York: Pocket Books, 1982).

Robert K. Cooper and Ayman Sawaf, *Executive EQ* (New York: Perigree trade Paperback, April 1998).

Chain damping: A. Mcgee-Cooper, *You Don't Have to Come Home From Work Exhausted* (New York: Bantam, 1992), Page 245-262 found in Robert K. Cooper and Ayman Sawaf, *Executive EQ* (New York: Perigree trade Paperback, April 1998).

Dan Goleman, Annie Mckee, and Richard Doyatistis, *Primal Leadership* (Boston: Harvard Business School Press, 2002)

Richard Boyatsis and Annie Mckee, and *Resonant Leadership: Renewing Yourself and Connecting with Others Through Mindfulness, Hope and Compassion* (Boston: Harvard Business School Press, 2005).

15장

Rosamund Stone Zander and Benjamin Zander, *The Art of Possibility* (New York: Penguin Books, 2002).

Don Miquel Ruiz, "Speak with Impeccability," in Jack Canfield, *The Success Principles* (New York: HarperCollins, 2005).

Keith Ferrazzi, *Never Eat Alone* (New York: Currency Doubleday, 2005).

Debra Fine, *The Fine Art of Small Talk* (New York: Hyperion, 2005).

Tim Sanders, *The Likeability Factor* (New York: Crown Publishers, 2005).

16장

Peter Senge, *The Fifth Discipline Field Book: Strategies and Tool for Building a Learning Organization* (New York: Doubleday, 1994).

Case history of Continental: Daniel Goleman, *Working with Emotional Intelligence* (New York: Bantam Books, 1998), Chapter 12, "Taking the Organizational Pulse."

18장

Richard L. Leider, *The Power of Purpose* (San Francisco: Berrett-Koehler Publishers, 1997).

Viktor E. Frankl, *Man's Search for Meaning* (New York: Washington Square Press, a division of simon&schuster, 1984).

Martha Beck, *Finding Your Own North Star* (New York: Three Rivers Press, 2001).

Abraham Maslow, *Motivation and personality*, 3rd ed.(New York: AddisonWesley, 1987).

19장

Ester and Jerry Hicks, *Ask and It Is Given: Learning to Manifest Desires* (Carlsbad, CA: Hay House, Inc., 2004).

Blind Spots